2020 volume14 contents

★ cover

平家平温泉 栃木県

ナトリウム－塩化物温泉

平家落人の隠れ里の伝承が残る地で、鬼怒川の渓谷沿いに建つ一軒宿。母屋には奥鬼怒の原生林から切り出された古木がつかわれ、ほのかな木の香りと自然の息吹を感じられる。源泉は4つあり、男女別大浴場、混浴露天風呂、女性専用露天風呂、栃の丸太をくりぬいて造られた一人用の大丸太風呂がある。

表紙：平家平温泉・御宿 こまゆみの里　混浴露天風呂（2019年11月 総会・納会にて）

秩父は遠くなりにけり

吉田京子

ローカル線にゆられ、通いなれた秩父へ

熊谷駅でJRから秩父鉄道に乗り換えると、一気に旅に出た気分になる。眼下に長瀞の流れを望み、養蚕をやっていたであろう古民家を眺めながら一時間半あまり。久しぶりに秩父駅に降り立った。

埼玉在住の私にとって、秩父は昔からご縁が深い土地だ。子どものころは家族三人、父が運転する車で定峰峠を越えて小鹿野や両神に行き温泉に入ったり、きのこ農園に行ったり、ちょっとしたハイキングも楽しんだ。温泉熱が高まっていたころは、素朴な鉱泉を目指してひとりドライブを。きものを通じて日本文化の継承を図るという「NPO川越きもの散歩」の活動に参加してからは、秩父特有のブランド繭である「いろどり」を応援するために、きもの仲間のメンバーと養蚕農家を訪ねるツアーを何度も行った。

三年ぶりの秩父、まずは秩父神社にご挨拶しよう。毎年一二月初めに行われる三〇〇年以上の歴史がある秩父夜祭は、この神社の例祭。今では一二月三日夜の、豪華絢爛な山車が夜の団子坂を一気に駆け上がるシーンと、冬の夜空に上がる花火が有名だが、かつては大きな絹市が立ち「お蚕祭り」とも呼ばれていた。今でも一二月四日には、繭を大神様に奉納する「蚕糸祭」が執り行われており、NPOの事業でいろどり繭を使った埼玉独自のきものを作るプロジェクトを成功させてからは、NPOメンバーも御神事に参列させていただいた。懐かしい風景が広がる境内で静かにお参りした後は、水占みくじを引いてみる。水面におみくじを浮かべると「吉」の文字が浮かび上がった。うん、幸先がいい！

NPOで見学した養蚕農家

収穫間近のいろどり繭

秩父神社のたくましい狛犬

念願のパリー食堂へ初潜入

次に目指したのは、三〇年来ずっと気

になっていた「パリー食堂」。昭和二年築の登録有形文化財の建物は、レトロ建築が点在する馬場通り周辺でもひときわ異彩を放っている。何度この前で記念撮影をしたことだろう。よし！今日こそは中に入るぞ！　ショーケースには時代の埃をまとったサンプルが並び、レトロマニアにはたまらない光景だ。意を決して暖簾をくぐると、ダルマストーブに悠々とあたる猫、観光と思われる若いカップルが一組。ストーブ脇のテーブルに座り、厨房にいる年配のご主人に名物のオムライスをオーダーする。

昭和博物館のごとき店内に常連のおじいさんがふらっと入ってきて、昼間からひとりビールを飲み始めた。長閑とした空気感に感動する中、運ばれてきたオムライスはサンプルのようにシンプルではなく、一皿にサラダやフルーツなどを詰め込んだボリューミィなものだった。水のコップに突っ込んであるスプーンも何年ぶりに見ただろう。薄焼き玉子に包まれた濃いケチャップ味のオムライスと、昭和三〇〜四〇年代を彷彿とさせる激渋な空間があまりにもマッチしていてジーンとくる。次に来たときも存在することを願い、微動だにしないお猫さまに挨拶をしてお店を後にした。

奉納される、ちちぶ産の繭

蚕糸祭にいろどり繭の着物で参列

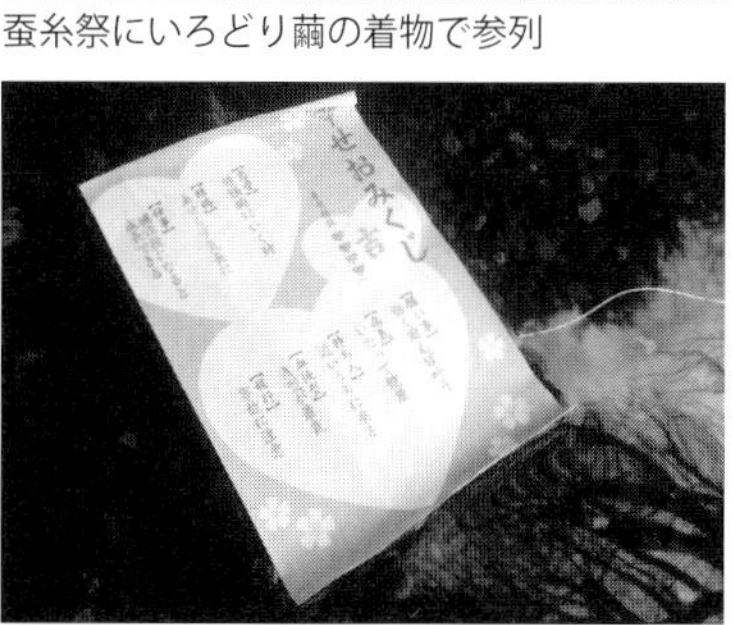
文字が浮かび上がる水占いみくじ

激レトロ建築のパリー食堂

パリー食堂の並びには、かつて山梨の温泉からの帰り、雁坂峠を抜けて秩父市内に入りホッとした際に決まって寄っていた珈琲屋「じろばた」も健在だ。秩父の町なかはコンパクトで散策しやすい。これまた気になっている銭湯の「たから湯」も現役だが、開店時間にはまだ早かった。もうひとつお目当ての、細長

今回も入れなかった銭湯・たから湯

ダルマストーブ前に陣取るお猫さま

パリー食堂スタイルのオムライス

昭和がにじみ出る店内

いグラスに乗ったプリンアラモードを求めて「パーラーコイズミ」へ。しっかりしたプリンに、フルーツとアイスクリームが添えられて、子どものころよく食べたスタイルに感激！　ああ、やっぱり秩父って楽しい！

路線バスで小鹿野を目指す

番場通りでの目的を達成し、秩父駅前から小鹿野行きの路線バスの最前列の席に陣取る。なぜか秩父橋の停留場手前で、案内のテープの声がいきなりアニメ声になった。が、運転手さんも乗客も我関せずといった感じ。秩父は『あの花』など、最近ではアニメの舞台になっている。聖地巡礼のアニメファンのために、シンボリックな場所ではアニメ声のアナウンスが流れるのだろう。いいサービスだけど、いきなりだったので驚いた。

三〇分弱で小鹿野の中心部に到着。小鹿野は、かつて大宮郷と呼ばれた秩父市街地に次ぐ大きな宿場町だった。上州や信州から絹を運ぶ交通の要所であり、ここでも大きな絹市が開かれていた。今でも、かつての豪商の木造三階建ての建物が遺されている。今回泊まる「越後屋旅館」は明治初期の創業で、正面に見える大階段が時代を物語っている。実は小鹿野は昭和一九年に大火に見舞われており、越後屋も大火の際に全焼したが、この階段だけは守ろうと、取り外して総出で運

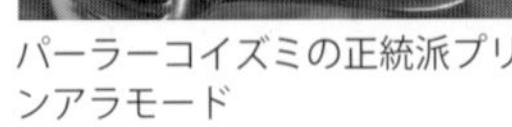

パーラーコイズミの正統派プリンアラモード

び出して事なきを得たとか。階段横には、大正時代に一世を風靡した秩父銘仙もかけられていていい雰囲気だ。この銘仙を着て小鹿野の町なかを散策できる宿泊プランもあるらしい。案内されたお部屋には、こたつが用意されていた。今日の夕方はおこたに入りながらゆっくりお相撲を観よう。それまで、ちょっと町なかを歩いてみることにする。

昔と変わらぬ風景に感激

両親と小鹿野に来たときは、必ずといっていいほど路地裏にある肉屋「安田屋本店」の店の片隅で、わらじかつ丼を食べた。最後に来たのはもう三〇年以上前。まだあるかしら？と路地に入ってみたところ、まるでタイムスリップしたような変わらぬ姿で存在していた。最近はツーリングに来るライダーの間で人気が高まり、週末は開店前から大行列ができるらしい。甘いたれがしみ込んだ大きくて薄めのかつが、丼ご飯の上に二枚ドーン！と乗った元祖わらじかつ丼は、腹ペコライダーにピッタリだ。

羊羹で有名な「太田甘池堂」や、銘菓・小鹿野こいしで有名な「八宮松雪堂」も昔ながらの姿で営業を続けていた。思わず寄り込んで、小鹿野こいしと完熟の黄金カボスを使った限定菓子のカボスーヌを購入。調子に乗って、店頭に置いてある小鹿野こいしの顔ハメまでやってしまった。変わらぬ町並みに、子どもの

落ち着いた佇まいの越後屋旅館

受け継がれている江戸時代の階段

こたつがうれしいお部屋

着物姿が似合う太田甘池堂

安田屋のわらじかつ丼は弁当もずっしり重い

ずっと変わらない、わらじかつ丼の安田屋本店

小鹿野歌舞伎の隈取人形と

小鹿野こいしの顔ハメしちゃった♪

銘菓・小鹿野こいしの八宮松雪堂

お風呂の壁に碁盤が

ころの懐かしい思い出がよみがえってくる。

囲碁将棋と鉱泉の宿・越後屋旅館

歩き回ってそろそろ体が冷えてきたので、宿に戻って温泉に浸かることにする。越後屋旅館は高根の湯という鉱泉を、近くの長留という地から運んできて湯船に注いでいる。運び湯というと、とかく塩素臭が気になるものだが、ここはサラサラとした柔らかい湯が満たされ自然な感じで気持ちがいい。この湯は護岸砂防工事中に発見された鉱泉で、近くにある高根神社にちなんで、「高根の湯」と命名されたと記されていた。浴槽の壁にはなぜか碁盤が？「考えすぎて湯あたりしないように」という注意書きまである。越後屋旅館は囲碁と将棋の宿でもあり、囲碁ファンを集めての囲碁大会も毎年開催している。囲碁は全然わからないが、鉱泉に浸かりながら次の一手を考えるなんて乙ではないか。碁石の配置は定期的にお宿の方が変えるらしい。

さっぱりしたところでお部屋に戻り、こたつに入って大相撲初場所の熱戦を堪能した。久しぶりのひとり自由時間が、たまらなくうれしい。今回はひとり泊可の格安ビジネスプランで泊まったた

風情を増す、夜の越後屋

ほかにも野菜の煮物や小鍋がつく越後屋の夕食

囲炉裏のあるロビー

め、夕食は通常プランよりひかえめでお疲れさまのビール付き。ひとり客歓迎で気軽に泊まれるのがありがたい。揚げ立ての天ぷらやうどん、小鍋も付いてちょうど食べきれる量で大満足。特にお野菜が美味しかった。食事処は私ひとりだけだったので、ご面倒おかけしちゃったかしら?と思い、若女将さんに聞いてみたところ、

「近くの廃校でドラマの撮影をしていまして、そのスタッフの方々もお泊まりなんです。でも、お戻りになるのはもっと遅くなってからですね。あと、今夜は春祭りの打ち合わせが入っていまして、この後、青年団の人が集まるのでにぎやかになるかと思います。静かにゆっくりお過ごしいただきたいのに、すみません…」

というお話だった。

秩父事件を思う

夕食後にもう一度お風呂に入り、囲炉裏のあるロビーに置いてあった秩父事件の本を持って部屋に戻る。秩父事件の研究会がまとめた冊子には、事件に関する事柄が詳細に書かれていた。秩父事件とは明治一七年の一〇月三一日から十一月九日にかけて起こった農民蜂起で、二〇〇四年には『草の乱』という映画にもなっている。

秩父は養蚕と絹で栄えた土地だったが、当時の政府のデフレ政策で生糸価格は大暴落し、養蚕農家をはじめとする農民は多大な借金を負うことになる。高利貸の非道な取り立てに苦しんだ農民は、代表を立てお上に幾度となく陳情するも相手にされず、さらなる増税に耐えかね下吉田村の椋神社で数千人が「秩父困民党」

常盤屋から不動尊に続く成田横町

木造３階建て、豪商の常盤屋

の名のもとに武装蜂起する。一時は秩父地域を制圧したが、政府の大きな軍事力の前にわずか数日で鎮圧され、最終的には一万四〇〇〇人あまりが処罰された。事件当初は秩父暴徒と呼ばれて単なる暴動とされていたが、後年は虐げられ続けた農民の事情も伝えられ、「秩父事件」と呼ばれるようになった。

　秩父第二の宿場町であった小鹿野は高利貸の大店が数軒あり、秩父事件の主要な舞台となった。高利貸といえどもいろいろな店があったようで、あこぎな商売をしていたところは打ち壊しされたり火を放たれたりしたが、そうではないところは打ち壊しを免れている。小鹿野の中心部にある豪商の常盤屋は、今も明治一三年築の木造三階建ての当時の姿のままだ。

レトロな警備詰所の建物

消えゆく鉱泉宿

　私自身は、秩父事件はどうにも生活できなくなった農民のやむにやまれずの行動であり、彼らの境遇に同情する気持ちが強い。映画の草の乱を観てからは、秩父事件の地を巡ってみたいという思いが募っていた。下吉田の椋神社や重要人物である井上伝蔵の記念館、蜂起前の会談をしたという「千鹿谷鉱泉」。今年こそ秩父を巡る旅をしようと思うと、訪ねたいところが次から次へと出てくる。

　かつて、秩父七湯と呼ばれていた歴史ある鉱泉も、数カ所が消えてしまった。草の乱の撮影時にはスタッフの宿舎となった開湯四五〇年を誇る千鹿谷鉱泉も休館中だという。映画公開前にうかがったときに、ロケの様子を熱心に語ってくれたおばちゃんはどうしているだろうか？　個人宅のお風呂のようなタイル張りの浴槽に注がれていた、サラサラの湯が懐かしい。

奥秩父の荒川にある柴原鉱泉の元湯、江戸時代創業の湯治宿の「菅沼館」では、硫黄の匂いがする非加熱の源泉が印象に残っている。お風呂は一カ所だけで、源泉を大切に使っているのが素晴らしかったが、惜しまれながら二〇一〇年に閉業した。いかにも田舎のおばちゃんらしい甘辛い味付けの煮物とお茶碗にてんこ盛りのご飯、築三〇〇年の建物の柱に付いた刀傷も思い出の中だけのものになってしまった。柴原鉱泉には、今も二軒の旅館が残っているのが救いだ。

鉱泉をめぐるプランが次々と

昔に思いを馳せていると、階下からはにぎやかな宴会の声が聞こえてきた。青年団の春祭りの打ち合わせが終わったようだ。小鹿野の春祭りは以前、両神温泉に宿泊した帰り道、偶然に遭遇したことがある。街道に豪華な笠鉾が行き交い、地元の人が演じる小鹿野歌舞伎を奉納したりと、かつて絹で栄えた地らしい華やかな祭りだった。

今年の春祭りに合わせ、秩父に泊まったことがない主人と一緒に来よう。その時に、吉田の椋神社や記念館をまわって千鹿谷鉱泉の様子を見てみよう。近くにある、「かおる鉱泉」にも入りたい。泊まるのはやっぱり小鹿野の町なかがいいから、今回お世話になった越後屋旅館か、山よりに湧く大竜寺源泉を運んで使っている「須崎旅館」もいいかも。

近くには般若の湯を運んで注いでいる、元力士がやっている「宮本家」もあるから、ホタルの時期に再訪するのもいいな。かつて、「クアパレスおがの」という立派な施設があった下津谷木鉱泉は、残念ながらもうないが…。

昨今人気が高まっている三峰神社の宿坊も温泉を引いているので、三峰に泊まって翌日に柴原鉱泉の菅沼館がどうなっているか確認して、お隣にある「かやの家」に泊まるか、「柳屋」で手打ちそば付きの日帰り入浴をするのもいいかも。三〇年以上前に行ったきりの、白久温泉の「みやこ旅館」にも行ってみたい。

その夜は、あとからあとから旅のプランが頭の中に浮かんできて、興奮してなかなか眠れなった。

秩父リスペクトするも…

翌朝、お土産に名物の豚の味噌漬けと秩父の地酒を買い、母と私のお昼用に安田屋のわらじかつ丼を二個テイクアウト。おまけに秩父駅前で、最近人気のB級グルメのみそポテトをゲットして秩父を後にした。久しぶりのひとり旅、とんぼ帰りだったけどすごく楽しかった。もう今年は秩父に決まりだ！ 旅から帰った翌日、職場で一緒に働いている秩父の横瀬町出身のお嬢に興奮しつつそのことを話すと、

「えっ、秩父何もないじゃないですか。泊まりで行くなんてもったいないですよ」

と…。隣で聞いていた同じく秩父の皆野町出身の美人看護師さんも、

「そんな褒めてもらっても、たいしたところじゃないですよ」

と、両人から冷めた答えが…。地元の人って、自分のところの良さに気づかないのか、謙遜しているだけなのか？ 秩父の良さを力説するも、

「温泉なら、箱根とかもっといいところがあるじゃないですか〜」

と言われる始末。確かに秩父には源泉かけ流しの濃い温泉は少ないが、「鉱泉」というどこか奥ゆかしい湯が昔から湧いている。温泉達人会の中ではゆる〜い温泉好きの私は、最近では数値では測れない鉱泉のあいまいさに、かえって不可思議な魅力を感じるのだ。マニア心を彼女たちに説明しても、わかってもらえないんだろうな〜（笑）。

そして、コロナが…

２月上旬、一カ月あまりインドを旅していた主人が帰国した。日本では連日、新型コロナウイルス感染のダイヤモンドプリンセス号の中継が流れるようになっていた。高齢の両親の介護をしている私に万が一のことがあってはと、主人は大事をとって成田のホテルで自主隔離することにし、帰宅は二月中旬になった。でも桜のころにはきっとコロナも収束しているだろうと楽観していたのだが、感染者数は増え続け、職場の病院も三月から厳戒態勢になった。四〜五月の緊急事態宣言下では厳重な感染防止策がとられ、張り詰めた緊張感と忙しさの中でみな疲弊していった。

そんな中、実家の母が転倒骨折して緊急入院、週末だけショートステイに行っていた父は介護の手がなくなったため、そのまま施設に長期滞在することになった。コロナ対策で、病院も施設も面会禁止。母とも父とも会えない二カ月の間、私は実家の環境を整えるため、毎日掃除と断捨離に明け暮れた。

緊急事態宣言解除後も、自分自身が感染源にならないように職場と自宅の往復のみの自粛生活が長く続き、次第にどこかに行きたいという気力もなくなってきた。七月になってＧｏＴｏキャンペーンが始まっても怖くて出かける気にならず、地方出身の看護師さんたちもしばらく帰省はしないと言っていた。前出の秩父出身の美人看護師さんも、ご両親の体調が気になるけれど、今は帰れないと寂しそうにつぶやいていた。

そして、プールも夏祭りも花火大会もない、シーンと静まりかえった夏が過ぎていった。その間、千鹿谷鉱泉が建物取り壊しのために四五〇年続く長い歴史に幕を閉じた。最後の最後、お礼の意味を込めて八月二二日までお風呂が開放されることを知ったが、再訪は叶わなかった。経営者の高齢化に加えて、コロナの影響での決断。日本全国でいくつの温泉が同じ目に遭っていることだろう。人との繋がりを拒絶するコロナという病が全世界に広がったことは、どんな意味があるのか…。

思い出の情景が次々と

どこへも出かけなかった夏、秩父でのいろいろな思い出が湧き上がってきた。東秩父村の秩父高原牧場で行われた星まつりに参加した翌朝に寄った、秩父川端温泉「梵の湯」の濃い含重曹食塩泉の気持ちよさ、横瀬駅から真夏の秩父の暑さの中を歩いて向かった「武甲温泉」の露天風呂、平成三〇年に閉館してしまった皆野町の秩父温泉「水と緑のふれあい館」の気持ちいい露天風呂。大滝村では日帰り施設の「大滝の湯」がメジャーだが、民家のような構えの「鳩ノ湯温泉」の硫黄鉱泉が思い出される。残念ながらこちらも閉館してしまい、タイルの内湯、木の浴槽の露天にはもう入れない。両親と両神温泉の「両神荘」に泊まった翌日、お向かいにある四阿屋山を歩いた。山中にポツンとあるうどん屋さんの、太い手打ちうどんと、とれたての筍の煮物の美味しさが忘れられない。今でも両親とその時の話をすることがあるが、高齢のふたりはもう秩父に行く体力はない。

　ＯＬ時代、同僚の女子六人で日帰り旅をした際に、最後に女性好みの「新木鉱泉」に案内してとても喜ばれた。宝登山の蝋梅を見にひとり登山をした帰りには、「和同鉱泉旅館」に立ち寄った。帰りの和銅黒谷駅のホームで電車を待っていると、山際が明るくなり見事な満月が昇ってくるのに遭遇した。ＮＰＯのツアーで見学に行った養蚕農家の宮本さん宅では、繁忙期にもかかわらず自家製の紫蘇ジュースやお漬物、手作りのおはぎやケーキを振る舞ってくださり、栽培している原木椎茸を安価で分けていただいた。

　赤谷温泉「小鹿荘」の立ち寄り湯後に通った夕方の地蔵寺、山一面に立つお地蔵さんと無数の風車の情景、昭和の風情を残す長瀞の石畳に続く商店街。夜の番場通りの、しっとりとした空気感。ＮＰＯで秩父に行くと必ず寄った武甲酒造では、社長の「おっ！　川越きもの来たな！」の一言がうれしく、仕込みをする井戸の名水をいただくのが楽しみだった。

養蚕農家の宮本さんから蚕のお話を伺う

歴史を感じさせる、趣ある武甲酒造の店内

武甲酒造の柔らかい名水

どれも懐かしくてたまらない。

まずは秩父から…

いつでも行けると思っていた秩父が、今はとても遠く感じる。二〇二〇年の秩父湯めぐり計画は断念せざるを得なかったが、新型コロナ禍後の最初の旅は秩父に行きたい。そういえば、地元の人が通う名物のホルモン焼きに行ってみたくて、同僚のお嬢にお父さんが行きつけのお店を書き出したメモをもらったままではないか。実際に行って、また彼女らに秩父の魅力を力説しよう。

　この本が発売予定の十一月に温泉宿を予約した。晩秋の秩父路で、懐かしい風景に出逢えることを切に願っている。

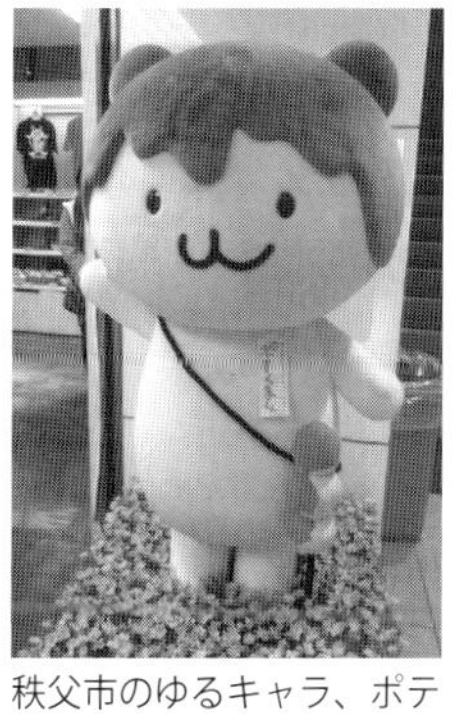

秩父市のゆるキャラ、ポテくまくん

台湾プチ温泉旅

鈴木富男

二〇一九年十一月某日、飛行機の座席予約や台湾のオンライン入国申請などの難題を数日かけてクリアし、キャセイパシフィック航空の昼便で、成田国際空港から台湾桃園国際空港（台北）へ向けて出発した。今回の旅は飛行機の往復チケットと宿泊先ホテル、有名レストランの夕食だけ予約している、仲間内の小旅行である。

桃園国際空港に到着後、台湾元に換金して直ぐに悠遊卡カウンターで悠遊卡を入手した。悠遊卡は日本のスイカ同様のチャージ式電子カードで、これから乗る台北ＭＲＴ(Mass Rapid Transit) は、もちろん市バス、台鐵(台湾鉄道)、コンビニなどで使える今回の旅の必需品で、ＭＲＴは二割引になる優れもの（キャッシュレス優待かしら?）。早速、悠遊卡を使ってＭＲＴ桃園機場線に乗り台北車站(台北駅)へ向かい、地下通路を彷徨って、駅正面にある宿泊先の台北凱撒大飯店（シーザーパーク台北）に着いた。明日からはこのホテルをベースに数グループに分かれて各々好きな観光地を巡る予定で、温泉好き数人は故宮博物院などの観光を袖にして、台北近郊の温泉地を巡る計画を練ってきた。

翌朝、ホテル近くの豆漿店にて、台湾の定番朝食の豆漿と小籠包で朝ごはんを済ます。今日は台北から南に約三〇キロ、標高一〇〇〇メートルの山あいの溪谷に湯が湧いているという烏來へ行く予定で、河原の露天に日本スタイル(裸入浴）の温泉とトロッコ乗車、烏來瀑布見学が目当て。

宿泊したホテル近くの青島西路バス停から八四九番の烏來行バスに乗車、もちろん悠遊卡を使用。バス内の数カ所にカードリーダーがあり乗車時や下車時にタッチするのだが、バス停に着くかなり前にタッチする老人が多く、タイミングが早すぎるのかカードリーダーが頻繁にトラブルを起こしていた。

バスは台北市街を南下しＭＲＴ松山新店線の終点新店站（駅）を通過して、新烏公路を新店溪（川）沿いに少しずつ高度を上げ、途中から烏來を流れている南勢溪沿いとなって、台北駅前から一時間半かかって烏來に着いた。烏來の三つばかり手前のバス停脇に日本スタイルの温泉として入湯候補に挙げていた巨龍山荘温泉会館があったが、烏來に行って時間が許すなら入ろうと後回しにして、結局入らず仕舞となった。

烏來バス停から烏來老街を抜けて南勢溪に架かる橋を渡り、烏來観光台車（トロッコの駅に向かった。この辺りは烏來風景特定區という観光名所なのだが、平日で曇天のせいか人が疎らで閑散としている。トロッコ駅の烏來站から、かわいらしい観光台車に乗って瀑布站までは数分で到着した。烏來瀑布を見学し、近所の売店で「烏來」銘柄のビー

烏來瀑布

観光台車

ルで一息。このビールがやたらと高かったのを後で気づいた。台湾先住民タイラル族の踊りなどが見られるようだが、閑散としていてやっている気配もない。さらに上にある雲（ユン）仙（シィエン）楽園へロープウェイで行くこともできるのだが、再びかわいいトロッコに乗って橋の袂の烏來站へ戻った。

観光台車は二〇一五年の台風で被害を受け運休していたが、二〇一七年八月に復旧したそうだ。本命の温泉だが、

南勢渓の河原の湯煙

台北101

有名（?）な河原の露天風呂の烏來温泉公共露天浴池は、どこだと探したが見つからない。あとで調べたら水利法に違反するとして、市政府が二〇一七年五月に強制撤去したらしい。しかし、橋の上から見ると河原に湯気が上がっていて、川石で囲った野湯らしきものが見える。河原に下りようと道を探したら、河原への道と思われる下り坂は途中で鉄板のフェンスで閉鎖されている。公共露天浴地の撤去とともに河原への立ち入りも規制されたらしい。せっかく水着を持ってきたのに調査不足だった。

烏來老街に戻り、食堂で台湾料理をつまみにビールで昼食。老街には日本スタイルの小川源温泉があったが、ほろ酔いで入らず仕舞い。

夕食は台湾一の超高層ビル台北１０１（五〇八メートル）にある、鼎泰豊の小籠包ディナーを予約してある。予約に間に合うよう台北への戻りは、バスで新店まで行き、新店站からＭＲＴを利用して少し早めにホテルへ戻った。鼎泰豊はめちゃ混みで、予約してあったのに三十分以上も待たされたが、料理は期待どおり美味しく、食後に台北１０１の展望台で夜景観賞もできたのでよしとしよう。

翌朝は、屋台風の店でお粥の朝ごはん。この日は台北北部の北投區にある行義路と、北投の日本スタイルの温泉巡りの予定で、台北からそれほど遠くないのでゆっくり目にホテルを出発。例によって悠遊卡のお世話になってＭＲＴ淡水信義線の石牌站へ向かい、行義路行きのバスに乗り換えて行義路四のバス停で降りた。バス通りを少し歩き右折すると、急坂下り中ほどに山之林と掲げられた大きな入り口ゲートがあった。山之林は川湯、湯瀬とともに入湯候補に挙げていたので、そのまま受付へ。

この辺りの日帰り温泉は食事をすると入浴が無料になるシステムもあるが、入浴のみを選択して中へ入った。脱衣所には洗面台やコインロッカーが設置されていて、日本と大差なし。浴室に入った右手には洗い場があり、シャワーとカランが五個ばかり。これまた日本式？

正面には一つめの四角い浴槽の温湯があったが、マッチョな爺さんが浴槽の縁に足先をかけ、通路側に身を乗り出して素っ裸で腕立て伏せをしている。左手奥には大きめの露天湯船が二つ繋がってあり、頭上は天幕でおおわれている。ほんのり硫黄臭のある

山之林

白濁した湯が満たされていて、加水具合で熱めとぬるめの湯船に分けているようだ。さらに、その奥にはスイッチを押すと強烈な勢いで落ちる打たせ湯と蒸し風呂風の小屋、そして、小屋脇にはなぜか鉄棒があった。

湯船巡りをしていると、さっきのマッチョ爺さんが鉄棒で懸垂を始めた。もちろん素っ裸で。この爺さん、日本語を少し話せて、なぜだか私に一生懸命話しかけてきて、帰り際には脱衣所まで見送りにきてくれた。山之林の記憶が、マッチョ爺さんで塗りつくされてしまった。

山之林を出て坂道を下り、磺渓（フゥアンシー）沿いにぶらぶら歩く。この川は石に黄と書き日本統治時代には近辺で硫黄を採掘していたそうで、対岸には遊歩道があり、あちこちで湯煙が上がっていた。皇池（フゥアンチー）温泉の看板を見つつ川湯温泉に着き、川湯の純和風の佇まいを眺めただけで、敷地脇を抜けて行義路三のバス停からMRTの石牌站へ戻った。

次の目標は、北投（ベイトウ）温泉の共同浴湯瀧乃（ロンナイ）湯。石牌站からMRTで北投站へ行き、そこで新北投支線に乗り換えて新北投（シンベイトウ）站へ向かった。観光と入湯の前にまず腹拵えと駅前で入った食堂には、壁に「禁酒」の張り紙がある。仕方なくビールも飲まずにおとなしく食事したあと北投散策へ出て、北投公園を歩いていると北投温泉博物館に行き当たった。

ここは日本の伊豆山温泉を模して大正初期に北投温泉公共浴場として建てられ、建築当時は東南アジア最大の公共浴場だったそうだ。その後、荒廃していたものが、一九九四年に小学生の郷土学習中に発見され、一九九八年に北投温泉博物館として設立された歴史のある和洋折衷のモダンな建物だった。

博物館の近くには、水着で入る北投温泉親水（チンシュエイ）公園公共露天風呂があるが、目指すのは裸で入れる共同浴場の瀧乃湯で、木造平屋の入り口受付で料金を払いロッカーのカギを

瀧乃湯浴室

受け取って中に入った。受付奥に脱衣スペースがあったが廊下にロッカーを置いた程度でとても狭く、人が通るたびに着替えをストップするほど狭かった。

浴室に入ってすぐ右手に洗い場の小部屋があり、浴室には中央に三方を通路で囲まれた五、六坪の湯船がある。混雑のせいか湯船を見ながら通路で休んでいる人が多く、湯船に入ってもなかなか落ち着かず早々の退出となった。

瀧乃湯を出て再び散策を続けて「地獄谷」に向かった。何気なく地獄谷と読んでいたがよく見ると「地熱谷」である。高温の源泉が湧き出ていている青白い池で、湯気が濛々と立ち込めている。この地熱谷の温泉と流れ出る川の滝で、かの有名な北投石（ほくとうせき）ができるのだそうだが、一三〇年で一センチメートル程度しか成長しないそうで、博物館には八〇〇キログラムの北投石が展示されていた。

北投石は含ラジウムの青硫黄泉（酸性硫酸塩泉）のここ北投温泉と、秋田県の玉川温泉でしか産出されないらしい。

この日の夕食は欣葉（シンイエ）という台湾料理のレストランを予約してあり、ＭＲＴで欣葉に近い民櫂（ミンヂャオ）西路駅まで移動して徒歩で向かった。夕食後に近辺の夜店を覗いて歩いたが、有名な台北の夜市には行かず仕舞いとなった。

翌日は帰国のため朝には空港へ向かったので、楽しかったプチ温泉旅はこれでお仕舞い。今回行けなかったところや入り残したところは次の機会にと思ったら、しばらくは海外旅行に行けそうもない世の中になってしまった。温泉入湯をオンラインでというわけにもいかないしなぁー。

地熱谷

こんなときは、増富温泉郷で プチ湯治を楽しもう！

寺田 聡

このレポートは二〇二〇年七月に書いている。「新型コロナウィルス感染症拡大防止のため…」。なんにでもこんな前置きが付されるような、大変な世の中になった。様々な業種で顧客が減り、しばらく休業を余儀なくされたり、事業の継続自体を断念せざるを得なくなったりしている。温泉旅館などの宿泊業も、もちろん大きな打撃を受けている。

そんな中、やっと緊急事態宣言が解除され、観光地復興の目的で「GoToトラベルキャンペーン」が始まった。宿泊施設の多くが休業し、県境をまたぐ移動を自粛する必要もあり、温泉達人会メンバーも今年は活動がかなり制限され、本会報の原稿ネタに悩んでいるはずだ。

私も、何を書こうか色々と考えた。「新型コロナ禍における温泉の楽しみ方」なんてタイトルで、三密にならない露天風呂特集でも書いてみようかとも思ったが、ほかの会員とカブる可能性もあるので、これはやめた。

温泉に行きたい。世話になっている温泉宿や温泉地はたくさんあり、こんなときこそ行ってあげたい、とは思うものの、私は本業が接客業なので、もし自分が感染したら、お客さまに迷惑をかけてしまう。それに、銀行の社員が新型コロナに感染した、などということになると、マスコミが飛んできて大変な騒ぎだ。

そこで、こんなときはあまり人の多くない温泉地に行こうと考え、前々からやってみたかった増富温泉郷の全軒レポートに出かけることにした。

ここ数カ月、ずっと県内にこもっていたのだが、私の住む静岡県と隣の山梨県は、ともに感染者がそれほど多くないため、互いに往来の抵抗が少ないこともあり、久々の県境越えをすることに決めた。

増富温泉郷には宿泊施設が八軒と日帰り温泉施設が一軒。土産物も扱う食堂が二軒、酒類や土産物販売の店が一軒と、こんな感じのこぢんまりした温泉街というか、湯治場である。食事は民宿や日帰り温泉施設でも比較的リーズナブルに提供されており、素泊まりで自炊しなくても困ることはない。

増富ラジウム温泉郷ともいわれ、新潟県の村杉温泉や鳥取県の三朝温泉などとともに、放射能泉の湧く温泉地として有名である。源泉は本谷川沿い東西方向一キロメートルほどの間に湧いており、特に川の北側には強放射能泉が多いらしい。

一九六五年に国民保養温泉地に指定されており、多くの文人が好んで訪れたことでも知られている。

もともと武田信玄が金山の開発中に見つけた「信玄の隠し湯」といわれ、古湯金泉湯が最も古い施設であったが、これはすでに閉館している。

では、各施設の概要を、温泉郷の奥の方から順に紹介しよう。

温泉街の案内図

【津金楼】

創業一八七五年、その後一九一四年に現在の地に移転して開業。

浴室に入ると、立派な木枠と析出物の造形美が素晴らしい。源泉槽は約二八度で、上がり湯は約三七度に加温された源泉。私はこの絶妙な湯温の交互浴が好きで、日帰りの際はここを利用することが多い。脱衣所にサウナがあるのも珍しい。この内湯のほかに宿泊者専用の貸切風呂もある。

素泊まり：4000円（税別）～2食付きヘルシープラン：7000円（税別）～ 通常プラン：9000円（税別）～ 日帰り入浴：大人800円
○温泉分析書抜粋（以下同じ）
源泉名：津金楼
泉質：ナトリウム−塩化物温泉（高張

性中性低温泉）
泉温：25・6℃（気温10・8度）
湧出量：33・7ℓ／分自然湧出
知覚的試験淡黄色澄明、黄色沈殿あり、弱金属臭、強塩味、金属味
PH値6・4
ラドン（Rn）86・4Bq／kg（23・4×10^{-10}Ci／kg：6・4マッヘ単位）
溶存物質（ガス除）：10069・0mg
溶存ガス成分：809・9mg（CO_2）
分析終了年月日：H31／4／24

【三英荘】

入浴のみ不可で客室四室のみの宿。昭和を感じさせる建物ばかりの増富温泉郷の中では、かなり新しい建物。浴室は一つのみだが、八丁の湯という江戸時代に発見された独自源泉が投入されている。珍しい弱酸性泉であり、ラドン濃度も比較的高いことなどから、ここはぜひ次回、泊まって堪能してみたい。

源泉はここと津金楼の間の山中に湧いているとのこと。

2食付き通常プラン：9075円（税サ込み）　湯治プラン：7500円（税サ込み）

津金楼

津金楼の析出物コテコテの浴室

津金楼脱衣所にあるサウナ

三英荘は比較的新しい宿

三英荘の小ぶりな浴室

源泉名：八丁の湯 増富ラジウム温泉
泉質：含放射能・二酸化炭素−ナトリウム・塩化物冷鉱泉（低張性弱酸性冷鉱泉）
泉温：21・8度（気温17℃）
湧出量：6・0ℓ／分自然湧出
知覚的試験無色澄明、塩味、金属味、無臭
PH値5・9
ラドン（Rn）490×10^{-10}Ci／kg（130マッヘ単位）
溶存物質（ガス除）5985・0mg
溶存ガス成分：1011・9mg（CO_2）
分析終了年月日：H23／10／17

【不老閣】

一九一三年に創業し、増富温泉郷では最も有名な宿。五本の源泉を持ち、旅館部のほか湯治部もあることから長期療養している客も多い。多くの浴室、浴槽があり、特に足元自噴の岩風呂は秀逸。ここは宿泊者専用となっているため、ぜひ宿泊して堪能すべき。

旅館部　2食付き：11000円（税別）〜　自炊部　素泊まり：4000円（税別）　二食付き：9000円（税別）
日帰り入浴　大人800円
源泉名：不老閣2号源泉
泉質：ナトリウム−塩化物温泉（高張性中性低温泉）
泉温：32・3℃（気温マイナス0・5℃）
湧出量：33・5ℓ／分自然湧出
知覚的試験無色澄明、無臭、塩味、金属味
PH値：6・6
ラドン（Rn）4・00×10^{-10}Ci／kg（1・10マッヘ単位）
溶存物質（ガス除）：11048・0mg　溶存ガス成分：805・3mg（CO2）
分析終了年月日：H24／2／9
※内湯「不老の湯」ほか、この宿で最も多くの浴槽に投入されている源泉
源泉名：岩風呂2号源泉

不老閣

不老閣の内湯、不老の湯

泉質：含放射能-ナトリウム-塩化物冷鉱泉（低張性弱酸性冷鉱泉）
泉温：21・5℃（気温12・4℃）
湧出量2・1ℓ／分 自然湧出
知覚的試験黄褐色澄明、塩味、無臭
PH値：5・9
ラドン（Rn）2390Bq／kg（646×10-10Ci／kg：178マッヘ単位）
溶存物質（ガス除）：4369・0mg溶存ガス成分：778・0mg（C

蒸気吸入室がある

分析終了年月日：H30／11／30
※内湯「湯窪の湯」に投入されている源泉
※不老閣では、このほかに3本の源泉を利用している（そのほかに未使用源泉もあるらしい）。

【金泉閣】

創業年不明だが、こちらも津金楼や不老閣と同様に歴史のある老舗宿。建物全体が渓流に面しており、ロケーションは抜群。浴室の窓からも本谷川を望むことができる。浴槽には地下八〇メートルから湧く源泉をそのまま投入。湯口からゴボゴボと湧き出るさまを見ていて、少し楽しくなるのは、温泉マニアだけだろうか？　飲泉すると、意外とマイルドな塩味で美味しい。炭酸多め。飲泉することでもラジウムを吸収できるが、一度にあまりたくさん飲んでは良くないらしい。

源泉槽は約三〇度。その隣の上がり湯は真湯のようだが約四五度とかなり熱かった。

ここでは、まず三〇分間温泉に入り、その後に上がり湯に入ってから出るように推奨している。せっかくの温泉成分を流してしまうのはもったいない気がするのだが、高張性の濃い湯なので、流さないと刺激が強いということなのだろうか？　ちなみに私の体は耐性があると勝手に決めて、流さずに出た（やっぱりもったいないよね）。

2食付き（一汁三菜プラン）：7850円（税込）～ 日帰り入浴：大人800円
源泉名：金泉閣ラジウム源泉

渓流沿いに建つ金泉閣

浴室の窓からは渓流が見える

館内には湯の権現もある

泉質：ナトリウム-塩化物泉（高張性中性低温泉）
泉温：30・5℃（気温1・0℃）
湧出量：23・6ℓ／分 掘削自噴

知覚的試験無色澄明 塩味鉄味無臭
PH値：6・3
ラドン（Rn）32・2Bq／kg　2・39マッヘ／kg）
溶存物質（ガス除）9782・0mg
溶存ガス成分：956・3mg（CO_2）
分析終了年月日：H17／3／17

【かもしか】

民宿・土産品と書いてあるが、宿泊は現在休業中とのこと。土産物店のほか、食堂もやっており、山梨名物のほうとうなどが食べられる。

【はくすい】

「はくすい」という名称がついているが、金泉閣の自炊部。ここに浴室はなく、金泉閣の浴室を利用する。今回はプチ湯治ということで自炊にこだわり、ここに宿泊した。しかしながら、男で一泊だけの自炊なので、予定通り料理らしいことは何もしなかった。一応、炊事場をお借りして湯を沸かし、自炊気分を味わっただけ（笑）。

民宿かもしかはバス停の目の前

金泉閣の自炊棟、はくすい

はくすいの炊事場

素泊まり：4・500円（税込）

【お食事処むらまつ／村松物産店】

若い夫婦が経営する食堂。店内はとても洒落ており、手打ちうどんを中心に定食など様々なメニューがある。ネットの評価が高い「うーめん」を多べてみたが、とても美味しかった。次回は天ぷらうどんを食べてみたい。地元食材などの土産物も販売している。

はくすいの目の前にある、むらまつ

むらまつの洒落た雰囲気の店内

【渓月】

民宿。うちは温泉ではない

うーめん美味かった

民宿渓月

とみやは駐車場の目の前

んです、とのこと。食事も提供している。

【とみや】

温泉郷で唯一の酒屋？　看板には「酒・ワイン・おみやげ」と書いてあるが、あまり品数豊富ではない。温泉郷から最寄りのコンビニまでは車で約三〇分かかるため、自炊する場合、好みのアルコール類は買い込んでいった方が無難。

【ニューあづま】

旅館、食堂、そして郵便局までやっている複合施設（？）。訪問時には湯が落とされ掃除中であったが、レポートの趣旨を話すと一応、浴室の写真を撮らせてくれた。増富の皆さんは、本当に優しい方ばかりで感激した。二つの浴槽のうち向かって右側だけいい感じに析出物が積もっていることから、源泉槽と温かい上がり湯と思われる。

ニューあづまの建物には郵便局もある

ここも独自源泉。古いものだが分析書もあった。源泉は施設の北側、山の向こうから引いているとのこと。分析書を見ると湧出地は「国有地トンネル中」とある。

日帰り入浴は原則として行っていないが、事前に連絡しておけば、宿泊の状況などによっては受けてもらえる場合もあるとのこと。独自源泉なので、次回はぜひ浸かってみたい。

素泊まり：4320円（税込）　2食付き：8700円（税込）～
源泉名：丹生の湯
泉質：ナトリウム－塩化物冷鉱泉（低張性中性冷鉱泉）
泉温：22・4℃（気温23・6℃）
湧出量：6・5ℓ／分自然湧出
知覚的試験無色澄明、無臭、苦味あり
PH値：6・0
ラドン（Rn）
溶存物質（ガス除）：6868mg
溶存ガス成分：1045・1mg（CO_2）
分析終了年月日：H16／9／9

掃除中に浴室をパチリ

アットホームな雰囲気の食堂

【増富佼成寮】

もともとは、立正佼成会の療養施設だったが、八年ほど前から一般の宿泊施設になった、とのこと。日帰り入浴もできる。

浴槽は内湯一つのみとシンプルだが、清潔感あり。増富温泉郷の中では、最も安価に日帰り入浴が楽しめる。湯温は約三八度。高温の源泉からすぐ近いが、うまく適温に仕立てられている。金気臭しっかり、炭酸多め、析出物がたまらない！　ここは空いており、穴場かも。

源泉は敷地内の建物すぐ裏手にある。

素泊まり：2泊まで4・500円（税込） 3泊以上は割引あり 朝食1100円 夕食1870円（税込）
日帰り入浴：11時～19時 大人650円（税込）
源泉名：立正佼成会 増富佼成寮
泉質：含二酸化炭素－ナトリウム－塩化物泉（高張性中性高温泉）
泉温：49・2℃（気温15・0℃）
湧出量：35・3ℓ／分 掘削自噴
知覚的試験無色澄明金気臭塩味

増富佼成寮は温泉街から少し離れた場所にある

シンプルな浴室

建物の裏手にある源泉

PH値：6・6
ラドン（Rn） $3 \cdot 2 \times 10^{-10}$ Ci／kg（12Bq／kg）
溶存物質（ガス除）：11298・0mg
溶存ガス成分：763・4mg（CO_2）2・1mg（H_2S）
分析終了年月日：H27／3／27

【増富の湯】

比較的新しい日帰り入浴施設。内部はとても清潔感があり、食事処や地元産品などの売店、休憩室や有料の個室まである。ここは人気があり、いつも混んでいる。

日帰り入浴八三〇円だが、増富温泉郷の宿泊者は八〇〇円と、少しだけ割引あり。

二五度／三〇度／三五度／三七度と様々な湯温の温泉浴槽のほか、打たせ湯やラジウム鉱石風呂、サウナまであり、一般の方はとても楽しめると思う。二五度浴槽以外は塩素投入の表記あるが、金気が強く、塩素臭は感じられない。

源泉は、施設南西側にある農地の地下約二〇〇メートルから湧く独自源泉。

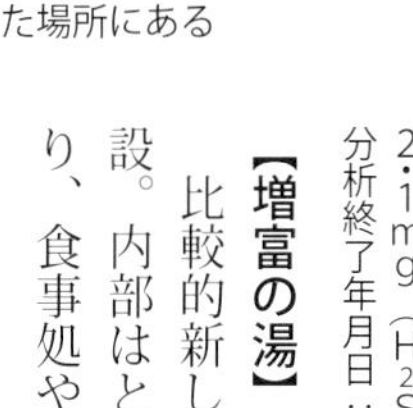
増富の湯は人気の日帰り入浴施設

たくさんの浴槽がある

源泉名：増富の湯
泉質：含二酸化炭素－ナトリウム－塩化物・炭酸水素塩泉（低張性中性低温泉）
泉温：27・3℃（気温マイナス1・0℃）
湧出量：（止水栓不調のため測定できず）動力揚湯
知覚的試験淡黄色澄明金気臭塩味
PH値：6・3
ラドン（Rn）
溶存物質（ガス除）：6161・0mg
溶存ガス成分：1056・5mg（CO_2）1・7mg（H_2S）
分析終了年月日：H27／2／23

【古泉 金泉湯】（閉館）

増富温泉郷で最も古かった湯治宿。残念ながら二〇〇九年に閉館し、再開することなく日に日に朽ちている。手前

この看板に誘われて上がってみた

にあった木造の建屋は、ほとんど跡形もなくなっていた。駐車場から森林の中を少し歩くが、このアクセス路を歩いているだけでも気持ちが良い。増富温泉郷に行かれた際は、ぜひ見学をオススメする。

ここには、ラドン濃度の特に高い源泉があったようだが、残念ながら私は未湯。営業しているころに、来たかったなあ…。

朽ちていく金泉湯

途中の看板は寂しい状態

さて、増富温泉郷の全軒レポートをするにあたり、最も気になるのは源泉ごとのラドン濃度だと思う。私も当初は、その比較にとても興味があった。しかしながら、各宿の皆さんとお話しするなかで、ある宿の社長がこんなことをおっしゃっていた。「ラドンガスの濃度だけを比較すると、各源泉の数値にかなり大きな差があります。これを単純に比較すると、ラドンが多いのがいい、と勘違いされてしまう。これだけで、湯がいい、悪いと思われることは問題だと考えています。増富は、全体として、ラドンガスにあふれる温泉郷なんです。各宿それぞれにいいところがあり、観光のお客さまには、それらを広く楽しみながら、ぜひまた来ていただきたいです」とのこと。

このお話を伺い共感した私は、今回のレポートから、あえてラドンの放射能単位を統一換算せず、それぞれ分析書記載のままとした。いずれも微量であり、長期湯治する場合以外は、あまり意識する必要はないと思う。

増富温泉郷は、健康を害して長期の湯治をする方がメインの湯治場である。しかしながら、ここに働く皆さんは、日帰りや一泊のみの観光客にもとても優しく接してくれる人情味あふれる方ばかりであった。コロナ騒動で大変な中、アポなしで突然やってきた温泉マニアの私に、とても親切に話を聞かせてくれた。のみ不可の宿でも、浴槽の撮影を快諾してくれた。正直、またゆっくり来たいと思った。

興味を持たれた方は、ぜひこの「人であふれていないが、人情味にあふれる」温泉地に行ってみていただきたい。その旅に、このレポートが少しでも役立てば幸いである。

◆富温泉郷 施設一覧

	宿泊	日帰り入浴	食事のみ提供	その他
津金楼	○	○		
三英荘	○	のみ不可		
不老閣	○	○		
金泉閣	○	○		
民宿かもしか			○	土産物あり
はくすい	○			
お食事処むらまつ			○	土産物あり
渓月	○温泉なし	不可	○	
とみや				酒あり
ニューあずま	○	△要事前相談	○	
増富佼成寮	○	○		
増富の湯		○	○	土産物他あり

姥湯温泉

高田和明

姥湯温泉・桝形屋旅館の露天風呂

四十数年前、奥羽本線峠駅はトンネルの外にあって、深紅のＥＤ78が同系色の50系客車三両を従えてスイッチバックで行ったり来たりしていた。また、峠駅から姥湯に至るまでの道路にも急坂にスイッチバックがあって、どんな車もそれに従わなければ登れなかった。

初めて姥湯を訪れたとき、巨岩奇岩の荒々しい壮大な景色と硫黄の香る白濁した湯に圧倒されて、すっかり魂を奪われてしまったのを覚えている。

以来すっかり虜になってしまったのであるが、カミさんとこの湯に浸かるのは、なんと二三年ぶりになっていた。カミさんは子育ても終わり、夫の母を特養に預けられ、ようやくの温泉探訪復活となったのだ。今回は娘の彩未も一緒に加わり、親子三人水入らずの旅となった。

令和元年九月、東京駅中央通路にあ

板谷駅からは本格的な山道

東京 12:00 発、つばさ 137 号

鈍行以外は峠駅に出てこない

本線勾配上に移された現在の峠駅

る「駅弁屋祭」で思い思いのものをチョイス。冷たいビールにハイボールと続けて買いたいところだが、お茶だ。この後、レンタカーを運転しなくちゃならないのだ。それだけなら峠の駅から送迎を頼めば済むことだと思われるだろう。どっこい、今回も無駄に連泊するので、その分の持ち込む酒が、「これも一緒に運んでくれ」とは恥ずかしくて言えないくらい膨大な量になる予定なのだ。

山形の秘湯、姥湯温泉

一二：〇〇、「つばさ137号」は定刻に東京駅を出発。一三：三二、福島駅に停車して「やまびこ」編成と分割して、一三：三五、奥羽本線（山形新幹線）に歩みを進める。福島駅で降りてレンタカーに乗り換えたほうが、料金的に安いのだがそれは野暮。

福島駅と米沢駅の間には七駅あるが、そのうちの四駅が、かつてのスイッチバック駅。しかも大沢・峠・板谷・赤岩と四連続し、本線から外れてそれらの駅へ向かうのは鈍行だけだった。本線に戻るにはその本線を後退で跨いで引き込み線に入り、再び前進して本線に戻っていた。四駅の最高標にある峠駅の様子も見ながら、一四：〇八、米沢駅に到着。レンタカーに乗り換え、ひとりで呑むなんて恥ずかしくて言えないくらいのハイボールを仕入れて、姥湯温泉に向かう。

国道一三号線で山形と福島の県境まで行くと、板谷駅への分かれ道だ。板谷駅から、時には猿も現れる本格的な山道になる。いつものように用もないのに途中の峠駅へ寄ってみる。広大で複雑だったかつてのスイッチバックの駅は撤去され、だだっ広いスノーシェッドだけが長々と続く。その奥の勾配線上に駅が移されて久しく、蒸気機関車ならこの勾配上に停車したり発車するのは難しいだろうが、今の電車は難なくそれをやっている。

滑川温泉の分かれ道からが最後の難関。とはいっても、昔に比べたら格段に凹凸はなく道幅も広く走りやすくなった。その中でもハイライトは、車のスイッチバックが解消されて切り返すだけで往来できるようになったことだ。車のスイッチバックは、後にも先にもここ以外で体験したことがない。

一六：三〇、姥湯温泉・桝形屋旅館に到着！　大きく変わったのは、平成十七年に建て替えられた建物だ。ＴＢＳテレビ「ブロードキャスター」という番組で建て替えられた直後に訪れたのだが、そ

の変貌振りに度肝を抜かれた。山深い中の秘湯というイメージは残すものの、近代的な旅館に生まれ変わっていたのだ。各室にシャワートイレがあるなんて隔世の感があり二度びっくりした。

何はともあれひとっ風呂。日帰りは九：三〇～一五：三〇で、混浴露天に誰もいない。実はカミさんも彩朱も混浴デビューはここだったのだ。

一部建て替えなった桝形屋旅館（2004年10月10日撮影）

白濁する湯は「酸性・含硫黄・鉄（Ⅱ）－単純温泉　51・0℃　pH2・6　成分総計0・7992g／kg」。平成二六年より前は「単純酸性硫黄温泉　51・1℃　pH2・5　成分総計1・058g／kg」であったから少し変わったようだが、浴感は変わらず味もレモンのような酸っぱさ。景色と相まって実に気持ちの良い湯だ。二人も思い思いに魂の抜けた声を上げている。

景色が良いのは急峻な斜面がV字型に大きく広がっているからで、これほど大迫力の景色はまずない。反面急峻であるがために継続崩壊地になっていて、大雨のときは崩壊の危険性がある。下流集落から桝形屋旅館までは一本道約一〇キロメートルであり、平成元年台風一三号の大雨で大量の土石流が発生し、この道が不通となって宿泊客と従業員が孤立して、警察と消防に救出された。

現在では、崩壊検知・土石流検知・転倒型雨量計・高精度GPSなどのセンサーが設置されて、旅館と行政が情報の共有をしているので逃げ遅れることはないとのこと。

その継続崩壊地標高一三〇〇メートルの急斜面から、源泉が自然に噴き出している光景は実に興味深い。噴き出す湯を器で受けて対岸へパイプで結び、複数の放熱箱で硫黄分と熱を落として浴槽へと運ばれていく。温泉使用量は毎分三〇〇リットルとあるが、大量の湯が集めきれずに川へと流れている。過去には何処にでも湯船ができてしまう地形でもあった。

ある日、川でMY露天風呂と称して風呂作りをしていると、女将さんが「高田さ～ん、お昼だよ～、どこさいるだぁ～」と探しに来た。「あんれ～」と呆れられ、「あぶねぇからやめれ」と叱られた。カモシカが足を滑らせたこともある崖の下でやることではないことだった。今では先の土石流で地形が変わり、ゴツゴツとして見るからに危ない川になっている。

名前の由来も面白い。鉱山師だった初代がこの地で湯浴みをする女を見つけて声をかけたところ、赤ん坊を抱いた恐ろしい形相の山姥で、この湯の湯守になれと促して消えてしまったというのだ。この辺りはあちこちに鉱床跡があり、滑川温泉の上流には、褐鉄鉱（たたら製鉄の原料）が点在して高品位なものが一九七〇年代まで産出し、峠駅から八幡製鉄所へ大量に出鉱されていた。山中に大きな駅だった峠駅の理由とも符合する。

露天風呂で記念写真

桝形屋旅館の内湯

桝形屋旅館の３号室

伝統の鯉の旨煮

鯉の旨煮のち、UNO

一七：三〇、この日の夕飯にも「鯉の旨煮」が登場した。学生のときに初めて来たときから、変わらないのが夕飯に出される鯉の旨煮だ。今では完全に脇役に転じている様子だが、今でも夕飯に出し続けているというのは一つの文化だと思う。いつから鯉の旨煮が出されるようになったかはわからないが、今の館主で一八代目（遠藤哲也氏）だそうだ。

おや？　先代（遠藤仁氏）が来ているって？　普段はもう旅館へ上がって来ないのだが、わざわざ会いに来てくれたんだという。帳場へ挨拶に行くと懐かしい顔を見せてくれた。ありがたいことだ。思い返せばパソコンに難儀していたり、露天風呂の底が直ぐに抜けてしまうのを相談されたんだよね。まったく役に立たなかったけど。

二二：〇〇以降は露天風呂が消灯されて、満天の星や人工衛星が手に取るように見える絶景の露天風呂となる。だったら、夜の露天風呂に誘う人へは、名前の由来は伝えない方がよいかも知れない。

この日は生憎と雨なので部屋に戻ってUNO。土砂降りキャンプなどで、することがないときに大活躍する逸品だ。我が家のUNOは、ドロー4返しもありで一六枚取ったこともある。ドロー2返しにおいては限りがなくつい大声になる。誰も全然遠慮しないから、ついつい本気になって落とし入れあう。どんどん加熱していって、やがて止められなくなるスパイラルに入るのだ。

二一：三〇、温泉切れが発生したので強制中断して内湯へ。同じ源泉であるのに露天風呂とは違った浴感だ。こちらのほうがキリッと切れが良いように感じて、これはこれで好きだ。

湯上がりに中空マグカップで氷と、思いっきり冷やしたハイボールをグイグイッとやる。何杯目になるかわからないが、湯上がりは特に旨い！

なんてやっていると彩朱が「星だ！」。いつの間にか雨があがり星空が一杯に広がっていた。二三：〇〇ごろ撃沈。

連泊の醍醐味、朝からお酒！

二日目、寝坊。七：〇〇、カミさんに「朝

食ですよ」と起こされる。普段朝食など食べたことがないのだが、宿泊施設に泊まると、なぜだか朝食が恋しくなる。温かい味噌汁に焼き鮭と卵かけご飯、そして迎え酒のビール。くー！たまらんです。連泊の醍醐味じゃ。

カミさんが「ＵＮＯやります」、彩朱も「やりましょう」とＵＮＯ再開。二人はどっさり買い込んだお菓子をつまみながら、私はキンキンに冷えたハイボールをグイグイやりながら、皆でついつい大声になる。笑い疲れて、一〇：〇〇、露天風呂休憩。

雨が降っていない明るい曇り空で、露天風呂日和だ。露天風呂の周りに雪が沢山あるころに、大量のビールを雪の中に冷やしておいて、長い時間ここの露天風呂を出たり入ったりしたことがあるが、二日間の日焼けで背中の皮が剥けてしまい、三日目には湯に浸かれなくなったことがある。それ以来、露天風呂に大量のお酒を持ち込むのは止めにした。

一〇：三〇、ハイボールが恋しくなって部屋に戻り、ゴロゴロしながらダラダラする。これもまた連泊の醍醐味じゃ。

昼になり部屋に昼食のうどんが運ばれてきた。私は朝食を食べたし、呑んでるから食べられないと思って頼まなかったが、カミさんから一口いただくとそれは間違いだったと後悔した。今さら二人に少しずつくれとは口が裂けても言えない。頼んどきゃよかったなぁ！

食後にゴロゴロしてＵＮＯしてダラダラして、一六：三〇、露天風呂へ行くとようやく晴れ間が見えた。またも貸切だ。食堂に泊まり客はいたのだが、廊下でも風呂でも不思議と出会わない。がんばって内湯にも立ち寄ると、もう冷たいハイボールが頭から離れない。

一七：三〇、食堂へ行ってカンパーイ！二日目の夕飯に鯉の旨煮は出なかったが、きっと二日おきなのだろう。今夜も工夫された旨い料理で山の宿を堪能することができた。ありがたいことだ。

日が沈むと雨が降ってきた。露天風呂で星や飛行機や人工衛星を見ることは叶わない。カミさんが「また来ましょうよ」、彩朱が「そうだよ」、でＵＮＯ再開。ＵＮＯをやったり、ゴロゴロ休憩したり、グビグビとハイボールをやったり、お菓子を食べたり、二五：〇〇までダラダラ続いた。

三日目、七：〇〇、二人に起こされて露天風呂へ向かう。薄曇りなので、コントラストが三人の記念写真を撮るのにちょうどよい。

今日は帰る日だ。朝食のビールは当然いただきません。美味しい朝食をいただいた後は帰り支度だ。部屋に戻ろうとすると哲也氏が「お昼までゆっくりしてってください」、なんて後ろ髪引かれることおっしゃるじゃありませんか。ありがとうございます、でもキリがないから帰ります。ぺっちゃんこになった大きなクーラーバッグを畳んで帰路についた。

予約しておいた米沢駅近くにあるちょっと贅沢なお弁当を受け取り、小さなクーラーバッグに氷とビールとハイボールを詰め込んで準備完了。一四：三八、「つばさ１４４号」で米沢駅を後にした。

私のかかりつけ湯――箱根のおススメ温泉

露木孝志

強羅花扇 円かの杜の露天風呂から金時山を望む

二〇一九年五月からの大涌谷の火山活動の活発化、箱根登山鉄道が寸断された一〇月の台風災害と、災難続きの箱根温泉郷。今年はそれに追い打ちをかけるように新型コロナ禍で、かつてないピンチを迎えている。そこで今回は少しでも箱根の温泉が元気になるようにエールを送りたいので、私のおススメの箱根の温泉を紹介したい。私の人生は物心ついたころから、箱根の温泉とともにあったといっても過言ではないのだから。

まずは入り口にある箱根湯本温泉。ホテルおかだ、南風荘、河鹿荘、天成園など大型温泉旅館が多い箱根で一番の人気スポット。湯本の駅前通りは、軽井沢銀座や由布院の湯の坪街道に並ぶ、にぎやかな全国屈指の観光地の商店街だ。お土産も、「菜の花」や「ちもと」の和菓子、最近人気の箱根ラスク、箱根プリンなど、豊富に揃うのがうれしい。

頑張っていると思う旅館は、小規模な宿ながら大浴場が充実し、常に施設をバージョンアップしている印象がある旧道沿いの「箱根花紋」。老舗旅館では、建物が国の重要文化財にも指定される「萬翠楼 福住」。古き良き時代の箱根の名建築に宿泊できる。

手軽に温泉を楽しみたいなら、人気日帰り入浴施設の「天山」。隣接地にある同経営の「一休」とともに、かけ流しの温泉露天風呂を満喫したい。貸間客専用の露天風呂や湯治客用の宿泊棟の「羽衣」などもあり、天山湯治郷敷地内の施設も充実している。館内で提供されるすっぽん鍋、うな重、手打ちそばもとても日帰り温泉が片手間にやっていると侮れない本物志向の味だ。奥湯本の「星野リゾート 界 箱根」も、対岸の湯坂山の眺めが素晴らしい高級旅館。

塔之沢温泉に移ろう。福住楼、元湯

環翠楼、一の湯といった老舗旅館が並ぶが、近代的な建築の宿で居心地がいいのが「鶴井の宿　紫雲荘」。客室からの早川の渓流の眺めが素晴らしい。箱根登山鉄道出山の鉄橋のそばにある「金乃竹塔ノ澤」も、最近高級志向の客に人気なので宿泊してみたいと思っている。姉妹館の芦之湯「松坂屋本店」に宿泊する際に、山の上は大雪だったのでここに駐車してバスで登った思い出がある。

宮ノ下温泉へ。箱根のランドマークの老舗ホテル「箱根富士屋ホテル」も、二〇二〇年七月にリニューアルオープンした。その対面にかつては老舗旅館として政財界の要人に愛された「奈良屋旅館」があったが、リゾートマンションになってしまったのは残念だ。「百恵ちゃんも見えたんですよ」と、ベテラン仲居さんの話も今となっては懐かしい思い出に。一時は予約が取れないことで評判だった「箱根吟遊」、その姉妹館の「箱根　時の雫」も眺望もサービスもいい宿だ。

宮ノ下の谷底には、自家用ケーブルカーで行く「対星館」、自家用ロープウェイで行く「大和屋」という二軒の宿が、早川の渓流に面して堂ヶ島温泉を形成していた。松本清張の『蒼い描点』という推理小説で二軒の宿がトリックに使用されたが、二軒とも廃業して大手デベロッパーがその土地を買い取り、宿泊施設を開業予定と聞いた。箱根の噴火の影響などでか、棚上げとなったままなのが残念である。

小涌谷温泉へ。ここは「箱根小涌園」でお馴染みの温泉地。かくいう私も、子どものころに事業で成功した母方の祖父が、小涌園の離れに親戚一同を呼んで滞在させてくれたので、一番古くから親しんだ温泉である。当時はジャングル風呂が名物だったが、「サンシャイン湯～とぴあ」と名付けられた日帰り入浴施設を経て、今は「ユネッサン」が評判を呼んでいる。もっとも、私は湯～とぴあが好きだったので、そこをつぶして高級旅館「天悠」にリニューアルした段階で、足が遠のいてしまった。

ほかに小涌谷には、共立メンテナンス運営のエコノミーな割にコスパの良い「水の音」、三井財閥の別荘を高級旅館とした「翠松園」の二軒のお気に入りの宿がある。

強羅温泉へ。高校生のときに「強羅環翠楼」という老舗旅館に宿泊したが、ロビーやゲーセンもない旅館で、あるのはただ箱根の自然と数寄屋造りの建物のみといった設えに不満だった。が、先日BS朝日の『百年名家』という番組でこの宿が紹介されたのを見ていると、まだ子どもで自分の審美眼がそこまで肥えていなかったのを認識したのだった。隣にある「強羅花壇」もいささか敷居が高いが、宿泊してみたい高級旅館だ。

新しいところで評判がいいのは「強羅花扇　円かの杜」。料金もそれなりだが、露天風呂からの金時山の眺めが絶景。全室露天風呂付きで飛騨牛が名物料理。共立メンテナンス運営のコスパの良い「雪月花」、その高級別邸の「翠雲」もリピートしたい宿だ。かつては、大涌谷そばに「冠峰楼」という芸能人がお忍びで訪れるいい宿があったが廃業してしまった。最近、大涌谷の噴気も旅館跡地近くまで達してしまったそうである。

箱根ロープウェイに沿って姥子温泉へ。元湯は夏目漱石の『吾輩は猫である』にも登場する「姥子秀明館」のみ。湯本の天山の主人が買い取り、素晴らしいスピリチュアルな日帰り温泉として営業中。

貸間滞在が基本で、新設された温泉の湯川が目の前を流れる縁台付きの貸間が人気という。

強羅花扇 円かの杜の客室の露天風呂

仙石原温泉へ。一番いいのは老舗旅館「仙郷楼」の離れの「奥の樹々」。白濁した硫黄泉を広々した部屋付き露天風呂で満喫できる。以前、大涌谷の噴気で造成した仙石原の温泉は天然温泉とうたうのには問題があるのでは?といった記事が週刊誌に掲載されたが、入り心地は硫黄の香りと湯に浮かぶ湯の花で温泉情緒満点だ。どうやら白骨温泉の偽装問題の二匹目のどじょうを狙った記事のようだったが、二匹目はいなかったようだ。

強羅温泉・雪月花別邸翠雲のアプローチ

仙石原の温泉供給会社が運営する、エコノミーな宿「ロッジ富士見苑」で、日帰り温泉も可能だったが、こちらも廃業してしまったのが残念。

仙石原には、全国にチェーンが広がる軽井沢発の「星野リゾート」、高級フランス料理の「ひらまつ」、栃木県から進出した「金谷ホテル」などが、インバウンドブームや東京五輪を見越して相次いで高級ホテルをオープンしたが、新型コロナ禍で目論見が外れてしまったので、なんとか国内需要のみでもそのクオリティを維持してもらいたいものである。

岩盤から文字通りの天然温泉が湧く、姥子秀明館の浴室芦ノ湖畔の箱根園にある箱根プリンスホテル系列の日帰り温泉施設「龍宮殿本館」も、芦ノ湖を見ながら入浴できる眺望の良い温泉だ。食事処も広々として快適。駒ヶ岳山腹にある同経営の湯の花沢温泉の一軒宿「湯の花プリンスホテル」の温泉も白濁した硫黄泉で、温泉情緒満点。江戸時代には箱根の温泉で一番番付が高かった芦之湯温泉にある「松坂屋本店」にもエメラルドグリーンの素晴らしい名湯が湧く。学生時代には合宿でよく利用させてもらったが、今は「金乃竹」のグループになり、高級旅館となってしまった。もっとも昔から、今上天皇が合宿で利用されたり、中曽根元首相が贔屓にしていた歴史がある。箱根駅伝のゴールに近い芦ノ湖温泉。こちらも人気横綱をはじめ芸能人お忍びの宿「匠の宿佳松」、姉妹館の「華の宿ふくや」に宿泊して料理ともてなしに満足した思い出がある。

　とりとめもなく、箱根の好きな温泉宿や日帰り入浴施設を羅列してきたが、すべての紹介施設の営業が継続され、また、クローズされたところも営業が再開されることを願ってやみません。箱根は日本一の温泉郷なのだから。

芦之湯温泉・松坂屋本店の雪景色

名湯が湧く松坂屋本店の大浴場

芦ノ湖畔の箱根園にある龍宮殿の建物

津軽の大鰐温泉

古舘明廣

北東北の三月

奥羽本線で秋田県の大館から北上し、矢立峠という時代を偲ばせる白神山地の東のはずれの山並みをこえる。矢立は携帯用の筆記用具である。文をしたためる峠と考えれば、ここからたいせつなひとへの一筆を啓上したのであろうか。のっぴきならぬ用で、江戸表に行く津軽藩士のすがたが目にうかぶようである。このロマンチックな峠を過ぎると、しばらくして眼前がひらけてくる。津軽平野である。

峠を過ぎてまもなくして、谷あいに右手から川が合流すると、いっそう狭隘な谷となる。鉄道も道もこの谷をおとなしく平行に走っている。もっともこれは大鰐温泉に行く前に地図上で確認したことでる。実際には仙台から高速道路をつかって温泉をめざした。

高速道路は、岩手県から秋田の鹿角あたりまで花輪線にそって走る。ここから鉄道は西へと方向を変えるが、高速道路はまっすぐに北上して、白神山地と奥羽山脈に挟まれ、もっとも低くなった山をトンネルで越す。この手前には、古代遺跡で知られる大湯の環状列石や小坂鉱山がある。鉄道よりやや東側の山並みを抜けるが、地図上の標高は二五八メートルと低い。しかし、山中にはいると周囲には残雪がたっぷりで、横なぐりの雪にみまわれた。北東北の三月は、まだ冬の装いである。高速道は、この県境の山を抜けると弘前平野の東の隅を北上して、青森市へと至る。

小坂鉱山は、かつて全国に知られた鉱山である。労働者を集めるために、山の中にアパート、劇場、病院、鉄道などが建てられた。山の中に突如インフラが整備されたのだから、異様というか当時の国威を感じさせるものがある。いまは都市鉱山から出たレアメタルの抽出で知られる。現存する康楽館は当時の栄華をいまに伝えるもので、ひと目みたいとかねがね思っていたが、寄り道はできなかった。出発が予想外に遅かったのである。

普遍の営み

陽が大きく西に傾きかけたころ、簡素なインターを降り、まもなく大鰐温泉に到着した。

街を二分するように平川が流れ、その両岸に温泉街のたたずまいがある。季節がシーズンオフのためもあるが、じつに静寂なたたずまいである。

一二世紀の開湯で、八〇〇年以上の歴史があるが、津軽藩の藩祖、為信との縁もあるらしい。なんでも、眼病を患っていた為信が、薬師如来のお告げをうけ、発見したのが「湯魂の湯」とかで、慶長のころの話である。そのころ藩湯として近在の農民や職人、商人の湯治場として栄えたという。地侍はさぞかしふんぞりかって湯に、と思われるが、意外なことを聞いたことがある。近世、温泉では侍も農民もない裸の世界だったと。それはやはり、東北の田舎の温泉でのことであった。泊まる宿はわからないが、きっと湯船のなかでは身分差はなかったにちがいない。もっとも裸になってまで身分を誇示するようでは、救いようのない野暮であろう。

大鰐温泉は駅もあり、大正期に絶頂期をむかえている。名のある旅館では、芸者をよぶほどで、花柳街もにぎわっていたそうだ。いまその面影はない。そのころの老舗旅館がのこっていて、当時のままの建物がわずかに往時をしのばせている。

街をぶらついてみる。繁華な時代から一転、すたれゆく温泉街の顔をところどころで目にする。街に漂うものは悲哀である。しかし、これはかつて名を馳せた温泉地がもつもうひとつの顔なのだ。温泉地にかぎらず、地方都市共通のものだ。廃墟にも似たこの衰退の光景が、いまの温泉地なのである。それはかつての小坂鉱山と重なる。はげしい労働から解放されたとき、鉱夫たちはこの地の湯にひと時、日常をわすれたにちがいない。

共同湯はちがった。変わっていないのである。はじめて訪れるのに、妙な言い方である。しかし、永遠性を感じるのである。それは、いろんなできごとがあったにちがいないのに、淡々と温泉入浴がくり返されてきた、それだけの世界である。それはほかの温泉地の共同湯にもいえるであろう。だから、ふつう然としているのである。が、それが共同湯の魅力であり、わたし

湯魂の湯。藩主との縁をもつ湯である

大湯会館の共同湯。湯船は陳腐である。しかし、湯にはいることだけの共同湯には、必要だけから生ずる温泉の美学がある

宿泊した民宿赤湯の湯船。かつて自炊客もうけいれていたという

には堪らないのだ。

ここにはただ湯に入るという行為しかない。飾りもなければ、無駄もない。普遍的な営みのつみ重ねがあるだけだ。それがうれしい。数百年、わずかに手をくわえながら、いろいろな人間をうけいれてきたのである。

夕食で、名物のもやしが出た。温泉の湯を利用して育てるという。名物がもやしである。凡夫は想像力がないから、まったく期待していない。温泉が目的だから、まあ、食事は二の次としておこう、こんなぐあいである。

おどろいた、その旨さは逸品である。わたしは心のなかで、この温泉地に恥じ入った。聞けば、このもやしを食べにくるお客もいるそうな。百聞は一食に若かず、なのである。

翌日、暖かい朝を迎え散歩がてら近くの共同湯へむかった。山あいでの吹雪がうそのように暖かい夜であったから、道路わきの雪が解け路面をぬらしていた。春は、きっと矢立峠をこえたにちがいない。

流れ出る温泉の湯で雪を解かしているのだろうか。雪だまりになりそうな場所でよく見られた

名物のもやしの和え物。大鰐のもやしは、むかしの漢方医のように一子相伝の産物とか。その長さは30㎝。味は申すまでもない

大鰐の共同湯。入り口の印象は、湯にはいるというたったひとつのメッセージだけである。それゆえに、素朴で、人のこころに響く美しさがある

人が通わなくなって久しい秘湯、栩湯

青沼　章

栩湯（とちゆ）は由緒ある、しかし人が通わなくなって久しい秘湯だ。意外にも、その場所は今なお地形図にちゃんと記載されている。

今回の栩湯訪問は二四年振り二度目の訪問。前回はオフロードバイクで林道を走り、行けるところまで行き、そこから歩いて栩湯に向かった。

林道は鬱蒼とした林の中を走り、しかしその林道の至る先は目指す栩湯ではなかった。当時の地形図には栩湯への一本道として書かれており、これで迷う羽目に。

そうとは知らず、強引に先に進み、バイクでは無理な地点からは徒歩。地形図が当てにならないことに気付いたころには、破線のルートを大きく外れた尾根の中で徘徊していた。

しばらくすると炭焼きの人が踏んだであろう作業道が表れ、炭焼き窯の跡をいくつも経ながら主稜線に向かってひたすら歩き、栩湯への道に合流できたのだ。

往路では大いに迷ったが、復路は正規ルートを通ってきたのでルートには自信があった。まわりは鬱蒼とした林、藪化していることもなく散歩気分で行けるはず。

しかし…。そう簡単ではなかった。

出発点は林道前のゲート。前回はこんなゲートはなかった。いや、そもそも以前は新処の部落から林道は続いていたような気がする。取付きのルートが変わったのだろうか？（はっきりとは憶えていないのだが）鬱蒼とした林の中を未舗装で幅員の狭い林道が走る…という以前の状況とはまったく変わり、広めの舗装された立派な林道に改修されていた。

現在の地形図を見ると、林道の途中から道が分岐してい

る。ここから栩湯へ向かう道の始まりということになる。なるのだが…。探し方が悪かったのか、それとも藪に埋没してしまったか、それらしい分岐を見つけることはできなかった。

　仕方がないので林道をそのまま歩く。方向としては間違っていないのでそれほど酷いことにはならないのでは…と期待をしながら（この時点でお手軽ハイキングではなくなっているし、闇雲に強行すると大抵はろくでもない結果になるのだが）。

　しばらくすると林道の枝道が表れた。直進すると前回徘徊ルートに至るので枝道に入る。道はコンクリート舗装だが、ほどなくして砂利道となる。この周辺、近年皆伐されている。

　しばらくすると「小安沢歩道入口」という看板が表れる。どうもこれが入り口らしい。らしいのだが…。

　そこは緑色の藪原。刈払われている様子はない。皆伐のお陰で藪の成長が著しく、道跡を辿って行くとトゲトゲのある痛い草の洗礼を受ける。道のど真ん中に若い杉が生えているのは嫌がらせだろうか。

　強引に稜線近くまで登ったものの、その先はさらに濃い藪。少々戻って別のルートを漕いでみるが、似たような感じであった。

　結局、遊歩道は撤退し、林道を進む。終点は広場になっており、そこには地熱発電の試掘井らしきものがあった。

　広場の横を見てみると、比較的薄めの踏み跡があるではないか。しかも、稜線に向かって登っていっている。これを辿れば本来の道に合流しそうだ。

　登って行くと道の左右には

不自然な凹みがある。これは炭焼き窯の跡だ。薄々は感じていたのだが、前回たどった作業道を奇しくも今回もたどることとなった。以前は鬱蒼とした林であったが、伐採によって以前の面影はない。

ほどなくして栩湯への道と合流。本来の道はこの分岐点から先は林の中の道となるが、合流地点より前は伐採の影響で藪化が酷い。結果論だが一番最適な道を選んできたことになる（途中無駄な藪漕ぎの苦労はなんだったのだろう?）。

本来の道は広く歩きやすい。しかし、所々藪化した箇所があり、道幅も進むにつれ狭くなっていく。栩湯近傍において、遂に道は判然としなくなる。以前はこのようなことはなかった。この四半世紀で道は失われつつある。

栩湯の手前にボッケが林の中にあった。以前、来たときにはこれは見つけられなかった。その奥にやや大きめの噴気があり傾斜のある草地になっている。そこからまたさらに奥に噴気地帯が見える。一番奥の噴気地帯が一番大きいようだ。

栩湯には往時、三棟の宿舎があった。前回の訪問時にも宿舎があったと思われる平場があったのだが、今回はそれを見つけることができなかった。土砂崩れによって埋まったか？　現地ではそう思ったのだが、下山後ビデオを見直してみると三〇メートルほど離れた場所に平場っぽいものが映っている。どうやらそこが宿のあった場所らしい。夕闇が迫っていたため、丁寧な探索をすることができなかったのが悔やまれる。

一時間ほど歩けば着くと思い、出発が一三時。今回の敗因（?）はここにある。

この栩湯、温泉と山が好きな人にはそこそこ知られていると思うのだが、今回訪れてみると、あまり訪問者がいないように思われた。

これを読んでくださった山の温泉好きな皆さんには是非、栩湯に行かれることをお勧めする。そうすると道も踏まれるだろうから。

こんなときだからこそ、地元千葉県で黒湯巡り!!

鹿野義治

新型コロナ禍で県外移動の自粛が騒がれている中、なかなか温泉巡りができていない状況が続いているのではないのでしょうか！　なかなか遠出をしづらい今、それなら地元の温泉を楽しまなきゃと、地元である千葉県内にある温泉、黒湯をピックアップして湯巡りをしてみました。

　関東で黒湯といえば、東京都大田区の蒲田近辺が有名ですが、実は千葉県にも広範囲に多くの黒湯温泉が存在します。大げさに言うと千葉県は黒湯天国です（笑）。

「県外に行くのはちょっと…」、「人が集まる観光地に行くのは抵抗がある」と思う方は、ぜひとも今流行りの「マイクロツーリズム」で、地元の観光を楽しみながら、地元温泉の魅力を再発見してみては⁉

◆小糸川温泉

　館山自動車道の君津ＩＣを下りてから車で一五分ほどの所にあるこの温泉。施設の近くの小糸川は君津市の中央を流れ、上流には三島ダム、最終的には東京湾に流れつきます。少し足を延ばせばインスタ映えで有名になったあの「濃溝の滝」の観光もできます。周囲はのどかな雰囲気で自然がいっぱい、のんびり、ゆったりできる癒しの温泉です。建物は少し鄙びた感じはあるものの、隅々まできれいに清掃されていています。

　肝心な温泉はというと、千葉県では珍しく湯づかいが素晴らしいです！　湯船にある二つのカラン、一つは冷鉱泉そのものを、もうひとつはその冷鉱泉を加温した源泉が注がれます。循環ではありますが湯にツルツル感があり、モール臭も香り、ぬるめでゆっくり楽しめます。湯の黒さは、しっかりと黒く、ＴＨＥ・黒湯という感じです。

　千葉県の黒湯の中では一番好きなマイベスト黒湯です。

場所：君津市　泉質：ナトリウム－炭酸水素塩・塩化物泉 源泉温度：24・8℃

小糸川温泉

小糸川温泉の内湯

◆亀山温泉ホテル

　昭和二五年創業で現在は三

代目が営んでおり、なぜか親近感がわく心和むホテルです。房総半島のほぼ中央にあり、亀山湖に囲まれた自然豊かな山間部にあります。車を少し走らせると、古い町並みが残り、平成の名水百選にも選ばれた名水の里、久留里の城下町も観光できます。

こちらの源泉は自家源泉で毎分六〇〇リットルと湯量は豊富です。二六度ほどの冷鉱泉のため加温・循環していますが加水はしていません。

そして、男湯のみですが、加温されていない源泉そのままを使用している、かけ流し冷泉風呂があります。これが夏の暑い時期には最高に気持ちいい！　そしてホテルより一時間圏内に限りますが、このご時世にピッタリ、温泉デリバリーも行っています。自宅で黒湯、最高です。

湯の黒さはホテルが表現するチョコレート色がピッタリです！

場所：君津市　泉質：ナトリウム－塩化物・炭酸水素塩泉　源泉温度：26・2℃

◆飯岡温泉
グロリア九十九里浜

九十九里浜の北の終点に位置し、風光明美な屏風ケ浦や、目の前にある飯岡海岸ではサーフィンを楽しむことができ、観光にもスポーツにもとても便利な場所にあります。近くには、日本で屈指の水揚げ量を誇る銚子漁港、そして醤油や銚子電鉄の町である銚子で美味しい魚介類を堪能することもできます！

こちらはビジネスホテルの温泉で、宿泊者は露天風呂から、太平洋の水平線から昇る日本で最も早い朝日を眺めながら入浴することができます。（日帰り入浴は一五時～二〇時なので露天から朝日を見ることができるのは宿泊者のみ）

内湯の湯船にあるカランか

亀山温泉ホテルの内湯

亀山温泉ホテルの源泉冷泉風呂

グロリア九十九里浜の内湯

グロリア九十九里浜のカランから出る源泉

らは、源泉の冷鉱泉を注ぐことができるのがグッドです。
場所：旭市　泉質：ナトリウム－炭酸水素塩泉 源泉温度：17・0℃

◆ビジネスホテル　五井温泉

京葉工業地帯の真ん中にあり、工場夜景スポットに癒されるこの地区には、以前Ｊリーグのオリジナル10であった「ジェフユナイテッド市原」のホームスタジアムであった、市原臨海競技場がすぐそばにあります（現在はジェフユナイテッド千葉として千葉市のフクダ電子アリーナを使用）。

自宅の千葉市から一番近く、しかも一番安く、五五〇円で入ることのできる黒湯です。

内湯は水道水の沸かし湯で、温泉は露天風呂のみとなっています。湯船のお湯は循環ですが、湯口からは加温をした源泉が注がれており、肌ざわりはやさしく重曹泉らしくツルツル感あふれます。

ビジネスホテル五井温泉

湯守さんからは、自家源泉で源泉には砂が混じっていることがあるため、最初に砂抜きをしなければならないなど、いろいろ苦労話を聞くことができました。保健所からの指導で消毒は必須ですが、温泉の個性を失くさないようにと、湯づかいに気を使っていることが感じ取れました。

色の濃さはブラックサファイアのような深い輝きを湛えた黒湯天然温泉です。
場所：市原市　泉質：ナトリウム－炭酸水素塩冷鉱泉 源泉温度：18・9℃

ビジネスホテル五井温泉の露天風呂

◆養老渓谷温泉
しし鍋の宿　嵯峨和

房総の奥座敷として四季折々の景観を楽しませてくれる養老渓谷には、千葉県で唯一〝温泉郷〟的な雰囲気を味わうことのできる「養老渓谷温泉郷」があります。

渓流沿いの豊かな自然を堪能できるハイキングコースは、特に紅葉の時期にたくさんの人が訪れます。車で足を延ばせば、徳川四天王の一人、本多忠勝が城主であった大多喜城と大多喜城下の古い町並みも散策できます。

今回唯一、実際に宿泊した温泉宿で、夕食の「しし鍋」はクセがなく美味です。

自家源泉を持っており、加水なしの温泉を味わえます。宿の方いわく、「本当は井戸を掘って真水を掘り当てたかったのに、少し掘ると浅い所でも黒湯の温泉が出てきてしまって困ったのよ」と、笑っ

しし鍋アピールの嵯峨和

養老渓谷温泉・嵯峨和の内湯

て話してくださいました。どうやら、源泉は比較的浅い所から湧出しているようです。

　湯の色は「爽やかテイステイ！」コカ・コーラ色です。

場所：大多喜町　泉質：ナトリウム－炭酸水素塩・塩化物泉 源泉温度：24℃ほど　※分析表に掲示なし

◆黒湯天然温泉 美人の湯 カーニバルヒルズ

　空の玄関、成田空港に近く、国譲りの神話で活躍された経津主大神が御祭神である、香取神宮が有名な香取市。香取神宮は、全国約四〇〇社の香取神社の総本社。鹿島神宮、息栖神社とともに東国三社の一社です。そのパワースポットの南の方にある、このカーニバルヒルズは、見た目ちょっとカオスな雰囲気がある温泉施設です。

　こちらには、月に三～四回ほど、「源泉デー」があり、通常加水をしている温泉を、加水なしで味わうことができます。源泉に近い濃い温泉が楽しめるこの日を狙っていくことをお勧めします。

　施設には、食事はもちろんのこと、エステサロンやスポーツマッサージ、占いなど、一日中楽しむことができます。黒湯のドッグスパ（犬のための温泉）もあるので、愛しのワンちゃんにも黒湯を味わってもらえます！　そして自粛期間には、うれしい「宅配温泉」まであります!!

　湯の色は、コーヒー色の黒です。

場所：香取市　泉質：ナトリウム－炭酸水素塩泉 源泉温度：17・3℃

　以上、今回数十年ぶりに再訪問した温泉や、近いのでいつでも行けると思っていた温泉を巡ることで、千葉県でも十分に温泉を楽しむことができるということを、再認識しました。

　再訪問で、特に何年も訪れていないところは、お湯の印象も結構変わっていたり、改良で源泉風呂が出来ていたり、改悪でお湯づかいが変わっていたり、塩素臭が強くなっている所もありました。

　中にはボイラーが壊れて、黒湯がただのお湯に代わっていたところも（笑）。

　この湯巡りを通じて、「こんなコロナ禍の状況下でも、今ある、今行ける温泉をもっと楽しまなきゃ」と強く思うのでした～

カーニバルヒルズのカオス感漂う外環

カーニバルヒルズ「源泉の日」のお湯は黒さ倍増

奈良田温泉「白根館」の思い出

高田彩朱

白根館を初めて訪れたのは二〇〇一年（平成一三年）一月三日、パパがTVチャンピオンになって、私がパパにお願いして本気で温泉巡りを始めた七才でした。ある会の集まりで、いなせ家半七さんがコタツの上に座って落語をしてくれたのを覚えています。ですが、肝心のお湯のことは全然覚えていません。途中に立ち寄った下部温泉で、「りんご病」が温泉と反応して、顔が赤い隈取りのようになったのは、覚えているのですが。あっ！翌朝お風呂に行くときに、宴会場だったところがメチャクチャになってたのも思い出しました。

二〇一一年一二月二六日、一三五二湯目の北海道グリーン温泉に向かっていたときに、達人会の女性会員さんから電話がありました。CS放送の温泉番組『野天湯へGO！』を引き継いで欲しいという内容でした。それで後日、パパと制作会社へ向かうことになったのでした。
その番組は、ディレクターさんとアシスタントディレクターさん、カメラマンさんと音声さん、女性会員さんの五人で過激な野湯を巡るというものでした。
話し合いの結果、過激な野湯へは行かないことと、パパが同伴することを条件に引き継がせていただきました。私が毎回違う友だちを連れて、全国の露天風呂を紹介するという内容で、番組名は『大好き！野天湯』になりました。

力一杯の熱演に壊れそうなコタツ。前列右の子が私

番組が始まるとパパは、私の知識では曖昧だった部分をビシッと訂正してくれたり、取材させていただく温泉施設との橋渡し役になってくれました。そして、製作スタッフが仕入れた情報に正しくメスを入れたりと、日本の全温泉番組に携わってほしいと思うほど、良き監修として務めてくれました。それだけ言うと、まるでカタブツのように聞こえますが違うんです。パパがすごいのは、雰囲気を和ませる才能があるところなんです。だからいつでも、撮影現場には笑顔が溢れていました。次第に、欠かせないムードメーカーでマスコットのような存在にもなっていきました。

一人ぼっちで現場に来た女性タレントさん方は、はじめは不安な気持ちもあったと思います。でも、いい雰囲気に包まれた現場の空気を感じて、すぐに安心させてあげられちゃうんです。

それはとても心強かったですし、やっぱりスゲー！って思いました。

白根館へ二回目に訪れたのは、この番組の#10「奈良田温泉」です。二〇一三年四月二二日で、前の週に行った赤城温泉の総本家で、一六一六湯目を迎えていました。

この日のお友だち役は、ウクライナ生まれで超美人の、エリザベス・ターナさん。もちろん、お会いするのはこの日が初めて。制作会社に集合して、パパの車に彼女と一番気が合うADさんとパパと、四人で同乗しました。日本語もお上手なので、車の中ですっかり仲良しになって、エリーと呼ばせていただく仲になりました。

白根館に着いて、改めてお湯に入ってビックリしました。こんなにヌルヌルするお湯だった？　初めて入ったときは幼すぎてわからなかったのでしょう。いわば、この時が私にとって〝初〟奈良田温泉だったのです。

それがカメラが回って、エリーに温泉の説明をしようとしたときだったのですから困りもの。私が頭が真っ白になっているその時に、エリーもこのヌルヌルに

美人のエリーはウクライナ生まれ。白根館の前で

パパの車でロケに出発！

大好き！野天湯の撮影風景

慣れた手つきでホースで冷やすパパを撮るスタッフ

大好き！野天湯　鉄板のメンバーと

深沢さんにお料理の説明を受けている二人

ビックリしていました。

お湯の中で、何度撫でてもなくならないこのヌルヌルは何でしょう？　エリーに説明しようとしたのですが、何も説明できません。ここの温泉はアルカリ性の硫黄泉ですが、アルカリ性で肌がヌルヌルするのは、肌と温泉成分が反応するまでの、わずかな時間なはずです。「七不思議の湯」と書いてありますが、本当に不思議な温泉です。この時以来、私の一押しになりました。

三回目は二〇一四年二月六日、ルー大柴さんと一緒に入りました。『The MONDO Times（ザ・モンドタイムズ）』という、ルーさんと秘書役の方が、何かに夢中になっている人を追いかけるという番組でした。#38「温泉達人会」というタイトルで、私たちの会を紹介してくれる番組のロケでした。ルーさんはこの白根館の撮影後日、会の分科会「鉄&温泉委員会」が行った栃木県にまで顔を出してくれましたので、この時の「鉄&温泉委員会」に参加した方々は、番組の中で大切な温泉仲間の方々として写っています。ＪＣＯＭやスカパーなどで今でも見られます。

極上の温泉ですとルーさんに紹介するのですが、やっぱりヌルヌルを説明できません。パパもこのことだけは、しどろもどろ。ヌルヌルのことは、ここでもなるべくふれないようにしていました。

ルーさんとスタッフさんはロケが終わると、すぐに帰ってしまったのですが、私たちはこのまま日帰りでなんて帰れません。白根館の館主の深沢守さんに突然、泊まりたいと無理を言ったら「泊まってってください」とありがたいお言葉をいただいて、思う存分お湯を楽しむことができました。前の日は、さみしい道の駅の車中泊だったから、うれしかったなぁ！

The MONDO Times と鉄＆温泉委員会のコラボ

四回目は二〇一五年九月。「マツコの知らない世界」に出演が決まり、私の一押しの温泉ということで、番組中に出てくるＶＴＲを撮りに行きました。

一〇日は熱海温泉、十一日は姥湯温泉、一二日に奈良田温泉と、この三日間はタイトなスケジュールでした。

前日、東京駅解散が二一：一二、当日、新宿発七：〇〇「あずさ1号」に車内集合でしたが、指定席が手配できなかったそうです。パパと一時間以上前から自由席に並んだのですが、これが大正解。出発する前から通路までギュウギュウ詰めになって、甲府で降りるのも大変でした。

でもこれだって、ＡＤさんが作った最初のタイムスケジュールは、新宿七：〇〇集合↓タクシー↓甲府↓「ふじかわ4号」だったのです。パパがこんなことは無理だからと電車にしたのですが、そんなことなら、新宿七：〇〇集合↓タクシー↓奈良田温泉、で良かったんじゃない？

甲府で「ふじかわ4号」に無事乗り換えて下部温泉、そしてタクシー。タクシー、いくらかかるんでしょう？　はい、一五〇〇〇円でした〜。

白根館に着くと、深沢さんからうれしいお知らせがありました。ヌルヌルの理由がわかったんだそうです。奈良田温泉の成分と肌の脂分が反応すると、石鹸成分が皮膚にできるというのです。法政大学の大河内正一先生が書いた「皮膚のヌルヌル感に及ぼす温泉水の特性」というものを見せていただきました。なるほど〜、だからいつまでもヌルヌルがなくならないわけね。納得です。

パパはお風呂に着くと、慣れた手つきでホースを出してきて、お風呂をぬるくしてくれます。そう、お風呂が熱いと顔から汗が出て、お化粧が台なしになります。一度顔から汗が出てしまうと汗が引くまでお化粧ができません。だから撮影を順調にするには、とっても大事なことなんです。温泉を水で薄めて撮影とは、なんたることかー！と、お怒りの方もおいででしょうが、この方法が一番早く撮影が終わるとパパが言います。この日の撮影も順調に終わりました。

「マツコの知らない世界」は普段、コンテンツが複数なのですが、スタジオ収録が盛り上がったということで、単独で一時間番組にするとパパに連絡がありました。そしてオンエアは「温泉スペシャル」となってました。放送中から白根館の電話が鳴りっぱなしになって、それが数カ月も続いたそうです。

五回目は二〇一六年十一月二六日。十谷上湯温泉「源氏の湯」で温泉達人会の総会・納会が行われるので、その途中に立ち寄り湯をさせていただきました。この時は深沢さんも「源氏の湯」に来て一緒に納会をしてくれましたっけね。

「源氏の湯」は、二〇一八年九月七日の深夜、日本テレビ系の「ワケあり！レッドゾーン」で、私たちが紹介させていただきました。ライセンスの藤原さんと井本さんがMCをされている番組で、父娘が全国の温泉巡りをしているということで、取り上げていただきました。

六回目、信じられないことになりました。白根館が宿泊を止めてしまうというのです。パパから伝えられてとてもショックでした。それで急遽、止めてしまう前に泊まりに行くことになりました。

二〇二〇年一月一五日八：〇〇、自宅を車で出発。パパお気に入りのビートルズ最後の七枚のアルバムを、ちょっと大きめにかけながら走りました。首都高速、中央道、国道五二号線と順調に進んで、県道に分け入って森が深くなってきたら、いよいよ奈良田温泉の白根館です。

着きました～。佇まいはいつものままです。

一三：〇〇、着くなり早々と露天風呂の一つを貸切にしてもらって、パパとの写真を撮らせていただきました。いつもありがとうございます。

やっぱりいいなぁ！ここのお湯！たっまんないなぁ～！

カルシウムとマグネシウムが極端に少なくて、アルカリ性が強いという絶妙なバランスだと、肌の脂が石鹸になるなんてホントびっくり。お隣の奈良田の里のお湯もヌルヌルしていたけれど、途中にあった西山温泉の「慶雲館」「蓬莱館」、そして「湯島の湯」は、全然ヌルヌルしてませんでしたものね。やっぱり超珍しい泉質なんです。

そして、お待ちかねの夕飯。深沢さんは猟師でもあって、ジビエ料理もたまんないのです。お宿のご主人が鉄砲を担いで、熊やイノシシや鹿を捕りに行くなんて、これまた超珍しいし、超カッコイイ！

この日は鹿のしゃぶしゃぶ鍋、ニジマスの燻製や郷土料理の揚げそばがきなど、盛りだくさん。大満足で幸せいっぱいな気分になりました。パパはお気に入りのスパークリングワインとハイボールで、幸せいっぱいな顔をしています。

とうとう朝が来てしまいました。

美味しい朝ご飯をいただいて、名残惜しいお湯に浸かったら帰り支度です。

これが最後になるかも知れないと思うと、やっぱり悲しいなぁ…！

「温泉百名山」選定に向けて

飯出敏夫

二〇一七年に「日本百名山」の完登後、次なる目標にしたのが「温泉百名山」選定だった。深田久弥が選定した「日本百名山」の中で、山麓や中腹にいい温泉がない山を割愛し、それに代わって「いい温泉のある日本百名山以外の山」を加え、私独自の「温泉百名山」を選定することである。

　それには、ずっと以前に登っただけの「いい温泉のある日本百名山」も再訪し、さらに「いい温泉のある日本百名山以外の山」を加えることになる。計算してみたところ、ざっと五〇座以上もある。

　この会報誌『温泉達人会』を以前から購読している方なら周知のことだが、当会には日本三百名山を完登し、群馬百名山、栃木百名山も完登、さらに五百名山に挑戦中という怪物の五十嵐光喜会員や、日本三百名山完登目前の永野光宗会員という猛者がいる。彼らに比べたら筆者など足元にも及ばない山歴だが、「温泉百名山」選定を成し遂げるのは筆者ならではの仕事と位置づけ、文字通り老骨に鞭打って実践しているところである。

「日本百名山」とは

「日本百名山」とは、小説家・随筆家の深田久弥氏が自身で登った山の中から基準を定めて百座を選び、山を主題として書いた山岳随筆集で、初刊は一九六四(昭和三十九)年。

　深田氏は「日本百名山」を選定するに当たって、以下の三つの基準を挙げた。

　第一の基準「山の品格」。人に人格があるように、山には「山格」のようなものがあるとし、誰が見ても立派な山だと感嘆する山であること。

　第二の基準「山の歴史」。昔から人間との関わりが深く、崇拝され、山頂に祠が祀られているような歴史のある山であること。

　第三の基準「山の個性」。芸術作品と同様に、山容・現象・伝統などほかにはないような顕著な個性をもっていること。

　以上の基準を兼ね備え、かつ原則として標高1500メートル以上で、しかも自身が実際に登頂した山であること、を絶対条件とした。

次なる目標「温泉百名山」とは

　深田の「日本百名山」の三つの基準を読んで、はたと思い至ったことがある。その三つの基準は、そのまま温泉にも当てはまるではないかと。

　第一の基準「温泉の品格」。人に人格があるように、温泉には「湯格」のようなものがあるとし、誰しもが優れた湯だと感嘆する温泉であること。

第二の基準「温泉の歴史」。昔から人間との関わりが深く、人々に崇拝され、温泉街の一角に温泉神社や薬師寺が祀られているような、歴史のある温泉であること。

第三の基準「温泉の個性」。芸術作品と同様に、泉質・現象（色）・伝統（湯治文化）など、ほかにはないような顕著な個性をもっていること。

以上を念頭におき、そのすべての条件を満たさないまでも、それに近い温泉と山をリストアップし、実践に移したのが二〇一七年初夏。三年がかりの今年、ようやく先が見えた。

二〇二〇年山行の軌跡

出鼻を挫かれたのが新型コロナウイルスの感染拡大。当初は四月から始動する予定でいたが、結局四月と五月は自宅に籠っての外出自粛生活を余儀なくされた。この間、これといった運動もせずに引き籠っていたため、当然体力の低下は免れない。それは承知のうえ、山に入ってから徐々に体調を整えるのが自分流、と高をくくっていたが、もちろんそう甘いものではない。登山再開と同時に、体力の衰えを痛感させられることになる。

以下、二〇二〇年八月までに登った山。カッコ内は組み合わせる温泉名である。

①船形山（東根温泉）

五月末日の「緊急事態宣言」解除を受け、六月からの始動を決める。東京都では他県への移動自粛要請が出ていたが、二カ月間もの外出自粛は限界とばかりに出動した。最初に目指したのは山形・宮城県境にそびえる船形山（山形側からは御所山と呼ぶが、山頂には船形山の指標しかない）。前泊した東根温泉（三浦屋旅館）から山形側の登山口まで車で約一時間。そこから急登が始まる山頂直下まで、見事なブナの美林の樹海を行く。人っ子一人会わず、熊にも猿にも猪にも会わず、森の中は不気味なほどの静寂。山頂からは鳥海山や仙台市街越しに太平洋も望めると聞いていたが、この日は晴天ながらあまり遠くまで眺望は届かなかった。下山途中で、宮城県側からの単独登山者に一人だけ会っただけの静かな山だった。六月五日登頂。

南蔵王の南屏風ヶ岳

②屏風ヶ岳（青根温泉）

蔵王エコーラインの宮城・山形の県境部、刈田峠が登山口。観光客はここから北の御釜方面を目指すが、屏風ヶ岳（宮城県最高峰）は南側の南蔵王にある。となれば、北の蔵王山の起点を蔵王温泉とするので、南蔵王の起点は青根温泉（不忘閣）にしたい。早朝七時前に登山口に着いたが、土曜日だったこともあり、駐車場はすでに満車。宮城側に三〇〇メートルほど離れた路肩の駐車スペースに辛うじて駐車出来た。車のナンバーを見ると、山形か宮城ばかりで、他県ナンバーはわずか三台ほど。気のせいか、冷たい視線を感じる。山頂に着くまではガスの中でほとんど何も見えなかったが、山頂に着くと徐々にガスが切れ、やがて周囲の山々の眺望が開けた。屏風ヶ岳の先の南屏風ヶ岳まで行って引き返した。六月六日登頂。

③三国山（法師温泉）

天気予報を信じて、早朝に三国トンネル手前（群馬側）の登山者用駐車場に着く。快晴の中、トンネル手前から登山道に入る。大きな鳥居と神社が建つ三国峠から三国山の登坂にかかる。まもなく視界が開け、左前方に残雪を戴く苗場山、後方には昨秋に四万湖から登った稲包山へとのびる山並み、右は赤城山か。三国山の山頂からは稲包山方面の視界しか開けないので、そのまま縦走路を三〇分ほど歩き、平標山や仙ノ倉山、谷川岳へと連なる山々の展望地まで行って引き返した。法師温泉から登山口までは後日歩いてみたが、この時期は山ヒルが活動的でほとんどの人がやられるという。神経を使ったが、「法師温泉（長寿館）」で山ヒル防止用のスプレーを靴や足元に散布してもらった効果か、幸いにも食いつかれることはなかった。六月九日登頂。

三国山から平標山と仙ノ倉山

④粟ヶ岳（越後長野温泉）

粟ヶ岳は新潟県三条市と加茂市の境にそびえる山で、ヒメサユリの咲く季節に登りたいと長年思いを募らせてきた。三国山から下山してそのまま越後長野温泉のある三条市（旧下田村）の登山口に移動して車中泊。早朝から登り始めたが、この日は暑く、寝不足もあって時間を要した。森を抜け出し、尾根道にさしかかるころ、ようやくにしてヒメサユリがポツポツと姿を見せてくれた。山頂近くにもっとも花が多いようだが、そのへんは残念ながらまだ蕾だった。それでも、念願のヒメサユリが見られたことに満足。しかし、下山口にある日帰り温泉施設には「北海道、埼玉県、千葉県、東京都又は神奈川県に居住する方は施設の利用ができません」、越後長野温泉「嵐渓荘」にも「臨時休業」の張り紙。汗も流せずに退散する羽目に。新潟県の拒絶反応は特に厳しい感があった。六月一〇日登頂。

⑤平標山（たいらっぴょうやま）（貝掛温泉）

いったん帰宅後、好天予報で深夜に飛び出し、午前四時に国道一七号沿いにある登山口の駐車場に着く。有料駐車場だが、この時間は無論無人で、帰り際に支払うシステム。一時間ほど仮眠して起きると、なんと車の数がけっこう増えていたのに驚く。この山はアクセスがいいのと、折からの高山植物のシーズンということであり、平日でも賑わっていた。晴天の中、順調に登ったが、山頂に着くころはガスが発生し、すぐ向かいの仙ノ倉山も見えない。当初は三国山から仰ぎ見た平標山と仙ノ倉山を登る予定だったが、平標山頂の先の斜面に広がるお花畑をガスの中に透かし見るだけにして下山し、「貝掛温泉」泊。六月一五日登頂。

⑥苗場山（赤湯温泉）

朝食は前夜に弁当にしてもらい、暗いうちに出発。五時前に祓川登山口の有料駐車場に着く。先着の車が一台あり、多摩ナンバーなのでなんだかホッとする。神楽ヶ峰の手前から登山道にも残雪が現れ、苗場山の登坂にかけては高山植物の花の真っ盛り。シラネアオイをこんなに多く見たのは初めてだ。ほかではコイワカガミのピンクの絨毯が鮮やか。昨日の平標山の賑わいが嘘のようで、この見事な景観を独り占めだ。苗場山の登りで登頂を済ませて下山して来た多摩ナンバーの車の登山者一人に会っただけという、誠に静かな山だった。池塘が点在する平坦な山頂部は、いまだ大量の残雪に覆われていた。以前に登ったときは山頂から赤湯温泉に下ったが、この日は往路を引き返した。六月一六日登頂。

神楽ヶ峰の下りから苗場山

⑦甲子山（かしさん）（甲子温泉）

当初は湯の花温泉から田代山と帝釈山に登るつもりで早朝に猿倉登山口を目指したが、なんと登山口の手前一〇キロ地点で「道路崩壊のため、この先通行止」の立て看板。やむなく会津西街道に引き返し、下郷から白河に向かう。ところが、甲子温泉に着いたらなんと雨模様の空が一転して青空に。まだ午前中だし、甲子山ピストンは充分可能と勇んで出発。登山道は山頂までブナを中心とした広葉樹の森の中で、視界は開けない。ようやくにして山頂に立ったが、なんと稜線はガスの中。目の前に大きくたちはだかるはずの旭岳（赤崩山）さえ見えないのだから話にならない。ここは紅葉シーズンにでもリベンジするほかはないなと思いつつ、下山して甲子温泉の湯に浸かった。七月二日登頂。

⑧泥湯三山（泥湯温泉）

甲子温泉から秋田県の泥湯温泉に移動。無料駐車場で車中泊。ここで柴田克哉会員と落ち合い、翌日小安岳〜高松岳〜山伏岳の泥湯三山（筆者が勝手に付けた呼称）に登ることになっていた。今年は長梅雨で、ずっとグズついた天候が続き、駐車場でも車の屋根を雨が叩いていた。五時出発予定を七時まで待ち、ほぼ雨が止んだので出発。九時以降に晴れるという予報に希望を繋いでいたが、まさにその予報どおり、梅雨の晴れ間の快晴に恵まれた。実はこの山、昨秋にも登ったが、スタート時間が遅かったので、小安岳に登っただけで三山縦走を諦めて下山していた。それが今回は無事に三山を縦走。リベンジできたのだから、喜びは大きかった。しかも山中では我々二人だけ、一人の登山者にも出会わないという贅沢な山行だった。下山後は泥湯温泉「奥山旅館」に宿泊し、温泉と美酒に酔いしれたのは言うまでもない。七月三日登頂。

泥湯三山（山伏岳の登りから高松岳）

⑨温泉ヶ岳（ゆせんがたけ）（手白澤温泉）

当初この日は日光白根山に登る予定だった。メンバーは柴田克哉会員と鹿野義治会員、それに柴田会員のカミさんとその友人の五人パーティ。早朝に丸沼高原の駐車場で待ち合せることにしていたが、天気はあいにくの雨模様。約束の時間に鹿野会員は現れたが、なぜか柴田会員の車がない。まもなく、出がけにパンクが判明、その修復のため今日の登山は中止し、今夜泊まる予定の奥日光湯元温泉の宿に向かうという。鹿野会員と協議し、天気も悪いことだし、日光白根山の登山は翌日にすることに決定。鹿野会員が未踏の温泉ヶ岳に登ることにする。金精峠から往復四時間ほど、足慣らしにはうってつけだ。このルートはさらに根名草山を経て奥鬼怒温泉郷に続く魅力的なコースで、筆者は過去に二回歩いている。七月一八日登頂。

⑩日光白根山（奥日光湯元温泉）

一日延期したのが奏功し、翌日は快晴に恵まれた。前泊の奥日光湯元温泉から丸沼高原に行き、ゴンドラリフトを利用。順調に山頂を目指す。久々の梅雨の晴れ間で、さすがに登山者も多い。森を抜け出す地点からはシャクナゲの群落が目を楽しませてくれた。岩場の山頂は密状態。五色沼を見下ろす少し離れた展望地で、宿で作ってもらった弁当を開く。燦燦と降り注ぐ陽光の下で、温泉と山の仲間たちとこうした平和な時間を持てたのは久しぶりだ。ゴンドラリフト乗り場に最終運転時間の三〇分前に着き、駐車場に戻って解散。四人と別れて、塩原温泉郷（中塩原温泉「赤沢温泉旅館」）に向かった。七月一九日登頂。

日光白根山にて

⑪高原山（たかはらやま）（奥塩原新湯温泉）

早朝、奥塩原新湯温泉を経て日塩もみ

じラインを鶏頂山登山口へ。高原山という山はなく、釈迦ヶ岳を最高峰とした山塊の総称である。スキーヤーには馴染みの深い鶏頂山だが、実は信仰登山の盛んな山で、山頂には立派な神社が鎮座し、そこからは正面に最高峰の釈迦ヶ岳を頂点とする三つの峰が望める。まず先に鶏頂山に登り、稜線伝いに釈迦ヶ岳を目指す。釈迦ヶ岳の山頂には大きな釈迦像が安置されていたのには驚いた。どちらの山も信仰の山という印象が強い。眼下に広がる矢板市街も記憶に残ったが、あまり視界が良くなく、近いはずの日光連山や那須連山が望めなかったのが残念。七月二〇日登頂。

⑫飯豊山（一ノ木温泉、飯豊温泉）

飯豊連峰はアプローチが深く、山中で最低一泊は必要なので、ハードルは低くない。そんな折、四連休を使って行きましょう、と力強いサポーターの申し出があった。日光白根山にも同行した柴田会員、鹿野会員のほか、温泉仲間の若手二人、紅一点で女優の久米田彩嬢が加わった六人パーティである。初日は一ノ木温泉「いいでのゆ」で待ち合わせて、福島県西会津町の弥平四郎登山口近くにある避難小屋の祓川山荘泊。二日目は稜線上に建つ切合小屋泊だ。切合小屋は食事の提供もあるが、我々は食料と火器、寝袋持参の自炊である。天候が一番の心配だったが、登頂日の二日目は朝から晴れた。最高峰の大日岳から飯豊山に連なる飯豊連峰の主脈を眺望しながら歩く稜線は、長いアプローチの疲れを忘れさせてくれた。切合小屋で昼食を摂り、今日のうちに飯豊本山をピストンすることに決める。天候は、切合小屋に着くころにガスが発生し、ついに風雨となる。若いメンバーに叱咤激励されつつ、飯豊山登頂が一六時四十分。暗くなるのを覚悟でヘッドランプも持参したが、なんとか日没前の十八時四五分に切合小屋に帰還した。思えば大学一年の秋合宿以来の飯豊山、実に五五年ぶりの再訪であった。下山後は米沢市の小野川温泉に移動し、にぎやかに打ち上げ。楽しい夜を過ごし、翌日は飯豊町の飯豊温泉も訪ねた。七月二四日登頂。

飯豊連峰の稜線を行く

⑬奥志賀山（熊の湯温泉）

長野市の斎場で知人の葬儀に参列し、その夜は新湯田中温泉「清風荘」泊。翌日、大学時代の先輩二人と湯友一人の四人で、志賀高原の硯川から四十八池を経て奥志賀山〜志賀山と歩く。初心者向きのハイキングコースで、硯川から登山リフトを使えば、あとは四十八池までほぼ平坦だ。そこから裏志賀山と志賀山は登山にはなるが、たいしたことはない。それでもほかの三人は登山には尻込み。四十八池から引き返し、熊の湯温泉で風呂に入りながら待つことに。七月三一日登頂。

⑭白砂山（しらすなやま）（尻焼温泉）

尻焼温泉から車で約三十分、野反湖畔にある白砂山登山口駐車場を五時過ぎに出発。ほぼ中間地点の堂岩山までの三時間は視界ゼロの樹間コースで、ひたすら長い。堂岩山を越えた地点で、初めて白砂山に続く稜線が眺望できるが、これが小ピークの上り下りを繰り返す稜線でなかなか手ごわい。野反湖畔からほぼ五時間かけて、群馬・長野・新潟の三県の境にそびえる白砂山に登頂。深い山だ。行きの不安が的中し、復路の堂岩山まで小ピークのアップダウンはきつく、そこからの下山もうんざりするほど長かった。やはり睡眠不足がこたえたようだ。下山後は新湯田中温泉に移動し、「清風荘」泊。八月七日登頂。

白砂山に続く稜線

⑮岩菅山（いわすげやま）（発哺温泉）

清風荘を午前四時過ぎに出て、志賀高原の高天原へ。ここで柴田会員と落ち合う。当初は高天原から東館山まで歩いて登るつもりだったが、そこで体力を消耗するのは得策ではないと判断し、東館山へのゴンドラリフトが動く八時半まで待機する。東館山からは一時間ほど登ると稜線に出て、あとはピラミッド型の岩菅山を正面に、快適な尾根歩きが続く。岩菅山直下の急斜面は登りごたえがあるが、それも一時間も続かない。土曜日なので登山者は多いだろうと予想していたが、案外だったのはコロナのせいに違いない。八月八日登頂。

⑯天狗岳（渋の湯温泉・唐沢温泉）

渋の湯温泉の「渋御殿湯」に泊まるのが一番の目的だった。「明治温泉」に前泊し、柴田会員ともう一人の湯友の三人で渋御殿湯から黒百合平経由で天狗岳を目指すが、この日の稜線はガスの中で、しかも強風が吹き荒れる悪コンディション。黒百合平ヒュッテから十分ほど登った展望地でガスが晴れた瞬間に姿を見せた天狗岳に満足し、勇気ある撤退。下山して渋御殿湯泊。足元湧出泉のぬる湯を堪能し、翌日は「唐沢温泉」に立ち寄り湯。温泉と猪鍋を堪能し、次はここからの天狗岳リベンジを約して解散した。八月九日黒百合平で撤退。

岩菅山に続く尾根を行く

関西の温泉銭湯巡り

関　真典

関西の温泉銭湯巡り

令和二年は、新型コロナ禍である。私の在住する愛知県も、二回目の緊急事態宣言(このレポート書いている令和二年八月現在)が発令中。今年は二月以降、温泉巡りというものには、出かけることができずにいる。不特定多数を相手にする職業柄、自粛中である。

従ってレポートのネタがまったくないという状態なので、今回は過去に訪問して印象が強かった関西の温泉銭湯をまとめてみた。

関東や関西在住の方からすると、日常づかいの銭湯で天然温泉を利用している施設は珍しくもないだろうが、私が在住する愛知県では残念ながら地下水や水道水の沸かし湯ばかりで、春日井市にある銭湯が岐阜県から天然温泉を運んで利用しているのみである。

関西には自家源泉の良質な温泉を利用した銭湯が、多く存在することは以前より知ってはいたが、なかなか出かける機会がなかった。近年、家内がハマっている多肉植物の趣味のお陰で関西方面に行く機会が幾度もあり、多肉イベントに合わせて銭湯巡りをしてきた。相変わらず我が家は多肉植物メインである…。

◉トキワ温泉

開店の少し前に行ったが、すでに駐車場はほぼ満車だった。内湯のみで浴室奥にあ

トキワ温泉

る三段造りの浴槽は、地下一三〇〇メートルから汲み上げた、やや熱めの単純温泉で満たされている。モール系の湯は、ほんのり硫黄やアブラ臭を感じ、つるつるとした浴感。源泉温度四四・五度の湯を未加水、未加温、未消毒で掛け流ししている。一段目は湯口で二段目、三段目と順次湯が流れており、三段目が一番ぬるめになっているが、それでも全身が赤くなるほど熱かった…。

住所：大阪府堺市堺区神明町西3-1-29
営業時間：13時～24時

●天然温泉　クア武庫川

兵庫県西宮市の武庫川女子大学のすぐ傍にある個性的な濃厚温泉。内湯はバイブラなど多彩だが総て白湯。露天風呂のみ天然温泉利用だ。泉質は、ナトリウム-塩化物強塩泉で、未加水、未加温、未消毒で掛け流し。露天風呂は四方壁で囲われ天井が抜けているだけなので開放感はない。いかにも濃厚そうな茶褐色の湯は炭酸ガスが多量に含まれているようで、浴槽内の湯口からボコボコと湧き出している様が面白い。カルシウム成分も多く、浴槽や床は析出物で原型がわからないほど。強烈に温まる湯なので湯あたり注意。実際多いようで、あちこちに注意喚起の掲示があった。

住所：兵庫県西宮市笠屋町3-10
営業時間：15～24時

クア武庫川

浜田温泉

●浜田温泉　甲子園旭泉の湯

毎分六〇〇リットルと豊富な湯量を誇る銭湯。甲子園球場が傍にありナイター帰りに利用できそう。天然温泉の利用は二〇〇一年から。洋風レトロな内湯の一部と露天風呂が天然温泉利用。露天風呂はちょっとした旅館のようで、日本庭園風の造り。泉質はナトリウム-炭酸水素塩・塩化物泉で未加水、未加温、未消毒の掛け流し。湯の投入量やフローも多く気持ちが良い。源泉温度は四三・五度で浴槽の湯もやや熱め。夜遅くの訪問だったので入浴客もまばら、露天風呂でまったりできた。

住所：兵庫県西宮市甲子園浜田町1-27
営業時間：15時～24時

●双葉温泉

内湯の一部と露天風呂が天然温泉利用。日本庭園風の露天風呂は、ゆったりとした造りで一〇人ほどが浸かれる大きさ。泉質はナトリウム-塩化物・炭酸水素塩温泉で、源泉温度は四四・七度。未加水、未加温、未消毒で内湯は循環、掛け流し併用、露天風呂は掛け流し。透明やや薄濁りの湯はよく温まり、湯上りの清涼感も味わえる、塩化物泉と炭酸水素塩泉の良い点を堪能できる湯。

住所：兵庫県西宮市分銅町2－28
営業時間：10時～23時30分

◉元湯・天然温泉 築地 戎湯

今回の訪問で一番気に入った施設。開業は明治中期と歴史ある銭湯だが天然温泉利用は二〇〇一年から。内湯の一部と石造りの露天風呂が天然温泉利用。やや黄色がかったモール系の湯は、ほんのり硫黄とアブラ臭、気泡もあり、何より浴槽の温度が四〇度と絶妙。これを未加水、未加温で提供している。泉質は単純温泉で、源泉温度は四一・七度。以前は濃厚なガツン系の温泉が好きだったが、加齢とともに単純温泉、それもモール臭

双葉温泉

戎湯

戎湯の露天風呂

やほんのり硫黄が香る、四〇度前後のぬる湯が好みになってきた。まさに戎湯は私のストライクゾーンど真ん中。街なかの極楽温泉である。

住所：兵庫県尼崎市築地2-2-20
営業時間：平日 10時～24時 土日祝 7時～24時

◉灘温泉 六甲道店

開業は昭和七年、建物の外観はレトロな感じで雰囲気がある。内湯主浴槽は天然温泉利用だが、未加水、加温、循環、消毒あり。未加温の源泉もホースで投入されており、やや黄土褐色の湯で湯華も浮遊。泉質は、ナトリウム-塩化物・炭酸水素塩温泉、源泉温度は三二度。内湯の隅にある源泉かぶり湯と二名ほどが入れる源泉風呂が未加工の湯で三〇度ほどしかない。特に源泉かぶり湯は激しく泡で白濁しており、マニアにはちょっと興奮もの。源泉風呂に浸かると体にびっしり気泡が付き、加温浴槽との交互浴が気持ち良い。癖になる温泉。

住所：兵庫県神戸市灘区備後町3-4
営業時間：6時～25時

灘温泉・六甲道店

六甲おとめ塚温泉

◉六甲おとめ塚温泉 乙女の湯

住宅街にある近代的な銭湯。今回の湯巡りで二番目に気に入った施設。泉質は、ナトリウム-炭酸水素塩・塩化物温泉、源泉温度は四〇・六度。湯量も豊富で毎分四八〇リットル。内湯の一部と露天風呂で天然温泉を利用している。内湯は加温しているようだが、露天風呂は未加水、未加温、未消毒で掛け流し。温度が四〇度弱のぬる湯、体への泡付きが素晴らしくビロードのような浴感。この日の男湯はタイル張りの味気ない造りだったが、この湯があればほかは何も要らない。そう思わせる良い湯であった。

住所：兵庫県神戸市灘区徳井町3-4-14
営業時間：6時～25時

今回は以上の七カ所。ほとんどの所に露天風呂があり、旅館顔負けの立派な造りの所も多かった。湯づかいも素晴らしく、毎日通えるご近所の方々が心の底から羨ましく思った。そのくらいレベルの高い施設ばかりだった。スーパー銭湯や関西の秘湯にも訪問したが、それはまた別の機会に。関西にはまだまだ魅力的な温泉銭湯がたくさんあるようなので、世の中が落ち着いたらまた出かけてみたい。

最後に、以前のように穏やかな生活ができるように、新型コロナウィルス感染症の早期終息を心より願う。

自粛温泉

島根孝夫

自粛生活って何をすればいいのか？友人と何回かオンライン飲み会を行ったがイマイチ面白くない。リタイアした後は基本自宅の生活なので、改めて自粛生活といってもほとんど変化はない。ただし、自粛中は県境をまたいでの移動は禁止とのご指導があるので、荒川を渡って東京には行かれない。大好きな池袋、銀座、上野が遠い、哀しいかな埼玉県人。通行手形がないのである。

暇なので部屋の掃除、本棚の整理をしていたら、片隅に『野口悦男選定・からだにやさしい療養温泉 東日本編』なる本を見つけた。改めて目を通す。「そうだった！　温泉って体にいいんだよね」なんて、今さら再確認した次第である。この本の前書きを自分なりに要約すると、温泉はなぜ気持ちがいいのか？　「温泉は温かい。母親の手の温もりと同じ効果。温泉の湯船は大きい、手足を存分に伸ばしてリラックスできる。非日常である…いつもと違う時間を過ごせる。また、温泉は即効性を期待してはいけない。一週間も入り続けてようやく効果が出るかどうかという程度のもの。事前に医師の診断を受けるのが肝要である」となる。

温泉分析書には適応症が記載されている。泉質、成分により効能が違う。身に覚えのある症状の温泉をピックアップして見た。高血圧・上高地温泉、肥満・法師温泉、ストレス・新甲子温泉、痛風・桜田温泉、糖尿病・渋御殿湯、消化器疾患・須川温泉、胃腸病・奈良田温泉、感染症・毒沢温泉、五十肩・青根温泉、アレルギー症・鹿塩温泉などなど。

実はこの夏、人生初の「入院」を経験した。理由はさておき当然、体の調子が悪かったのである。入院中にこの本を読み、退院したら療養にでも行こうと思い持参した。入院していると寝るのが仕事。これが結構きつい、腰が痛くなってくる。腰痛に効く温泉って…調べると黄金崎不老ふ死温泉、養老牛温泉とか書いてあるが、温泉に行くまで相当遠い、移動だけで腰が痛くなりそうだ。運動器障害には霧積温泉とあった。おおっ！あのぬる湯、最高だが温泉まで歩けるか心配などなど、温泉を思い出し、入った気になった。

入院中、五日間連続で風呂、シャワーと断絶した。これって結構厳しい試練だった。友人の中には、地の果ての仕事で数週間風呂に入らなかったなんて奴もいるが、例外だ。五日ぶりのシャワーはどこの温泉よりも気持ちよかった。なんて告白してもいいのだろうか？　内緒にしておこう。

今まで温泉に入ってきた経験からこの温泉はこの効果、この泉質はこの効能と決めてかかってはいけないようだ。温泉が持っている超能力により、心身ともにリラックスできるのである。恋の病以外はなんにでも効いちゃうのだ。場合によっては恋の病にも効く温泉があるかも。

それともうひとつ。温泉との相性である。体と泉質の相性はもちろん、温泉施設との相性も重要である。評論家、ジャーナリストが絶賛し紹介する温泉の中にも、対応などにより二度と入りたくない温泉もあるので見極めなければ。

今年生誕二五〇年を迎えた、かのベートーベンも耳の治療のため温泉に通っていたようだ（ヨーロッパは飲泉かな？）。年末は温泉に入りながら第九を聴いて体調を整え、来年の温泉巡りに備えなくちゃ。

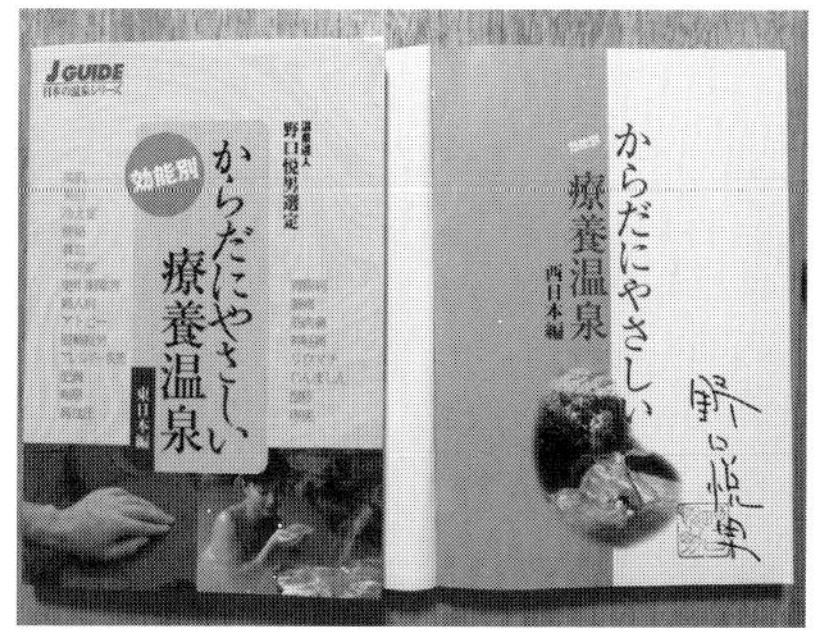

からだにやさしい療養温泉　東日本編
著者　野口悦男
山と渓谷社出版部　（2000 年 9 月発行）

湯巡り回顧録

入湯数少なくても記憶に残る二〇〇五年

武田 出

湯巡り自粛していた五月に、ある温泉仲間から夏に赤湯又沢温泉へ行きたいのでアドバイスがほしいとの連絡があった。赤湯又沢は一九九八年と二〇〇五年の二回アタックしている。以前の記録を見返していると当時の思い出が沸々と甦ってきた。思い返せば二〇〇五年は今年を除いてここ四半世紀で新規入湯数が一番少なかったが（四八湯）、内容的には充実した年だった。特に赤湯又沢は、印象に残る湯巡りとなった。

一月から五月にかけては温泉&スキー三昧

このシーズンは、当時パウダースノー最強のスキー板を入手。例年より八甲田への出動回数が多くなった。またこのシーズンは初めて酸ヶ湯にも宿泊。八甲田には数多くの山岳ツアーガイド組織があるが、酸ヶ湯はロープウェイから遠いがゆえにパウダーの一番乗りには不利。ツアーに出かけるのは出遅れがちだが、そこはバス数台の機動力を最大限に利用して時間いっぱい遊ばせてくれる。

宿へ帰れば極上の湯が待っている。その居心地の良さもあり、このシーズンは七回の八甲田行のうち四回も酸ヶ湯を利用した。ここのスキーシーズンは長く、ゴールデンウィーク以降も可能。

八甲田以外にもシーズン中は、妙高赤倉、ニセコ、裏磐梯、西吾妻、野沢温泉、万座温泉、白馬などなど、スキー&温泉三昧だった。

白馬金山沢&ガラガラ沢

白馬は標高差のある山岳スキーが醍醐味。スキー場のゴンドラ、リフトを利用し、山へ簡単にアプローチできるのが特徴だが、急峻な地形のためリスクも伴う。

地元の山岳ガイドに案内され栂池、八方からアプローチ。栂池ロープウェイから先

八甲田山岳スキーのベース、酸ヶ湯温泉

4月の八甲田

の雄大な山並みを見上げながらのハイクアップ。翌日滑るガラガラ沢を正面に望みながら広大なバーンを滑ると、だんだんと沢状に。そしてデブリ（雪崩の痕）を慎重に通過。最後は猿倉から道路沿いを滑り、小日向の湯がゴール。

翌日は八方最上部からガラガラ沢。ここは二〇〇〇年に大規模な雪崩事故のあった所。トップから最下部まで緊張の連続で、常に周りの変化に気を遣い、滑っている最中の写真は一切なし（動画はあったけど）。

実はここから最終地点の小日向の湯へ向かう途中に源泉があり、その流れ出る余り湯を使った湯溜まりがあった。五分だけ時間をもらい、ひとりだけ湯にどっぷり。つるつるの湯！　いやあ、最高！

ゴールデンウィークはちょっとお遊び。スキー板を車に積めるだけ積んで八甲田と月山へ出かけ、日替わりスキーと周りの温泉を楽しんだ。

田代元湯へ スキーでアプローチ

ゴールデンウィークの八甲田は周りの環状道路が開通し、コースのバリエーションが広がる。一週間滞在しても同じコースはない。今回は温泉付きの宿ではないのでツアーの後に温泉を回っていたが、ある日スキー仲間一人を引き連れ田代元湯へ行ってみた。

田代元湯のバス停が入り口。雪で道は塞がれているのでスキーに履き替えて雪上を進む。道はないが一面雪なので、方向がわかっていればまっすぐ進めるのでスキーは楽で早い。ところが結構な藪が現れたり、板を渡しただけの橋をスキーブーツで渡ったりと、スリリングな行程だった。やっとの思いで到着した一番手前の露天はヘドロの沼と化していた。

足を突っ込むと二〇センチくらい埋まり、底から得体の知れない異臭が発生し息を止めての撮影となった。

八甲田の後に月山へ

八甲田で七日間滑った後に山形へ移動。宿は三年連続三回目の冨本温泉（残念ながら現在は閉業）。ここは知る人ぞ知る秘湯。冷たい源泉と加熱湯のツルツルの湯の交互浴が楽しめ、食事は鯉料理を始め季節の山菜が並ぶ。

翌日に月山まで足を延ばしゴールデンウィーク八本目のスキー。雄大な眺めを見ながら豪快なスキー。最後の一本はカービングになる遥か以前の板。どうやって曲がるのだっけ？

野湯巡り史上最高に 楽しかった赤湯又沢の温泉

一九九八年に野口悦男氏と

八方ガラガラ沢滑走の後に寄った小日向源泉

きれいに手入れされた田代元湯の奥の露天

冨本温泉の源泉槽でまったり

訪れていた赤湯又沢温泉。その時はいくつもある湯の一カ所のみ一泊ピストンコースだった。この年は七月の連休に有志八名、二泊で泥湯へ抜けるというコースを計画した。

初日、ゲートが開いていて歩き約三〇分短縮。集合してから車を一台、泥湯へ回したため、ゆっくり朝八時四五分スタート。

この道は昔の森林鉄道跡なのでほとんど平坦。途中は快適な道が続いていたが一時間もたたないうちに最初の難関。森林鉄道の鉄橋のレール上に板が置いてあるだけ、手すりなし、それも途中で橋自体がなくなり梯子で河原に下りる。河原ははるか下一〇メートル以上はあろうか？　迂回路はないので慎重に通過。

最初の難所を通過後は、しばらく森林鉄道跡を歩き虎毛沢との出合。ここまでゆっくりと約二時間。早めの昼食をとる。

緩やかな虎毛沢ではあるが歩き始めて数分、突然メンバーの一人が…「帰る！」の一言。なんでも裸足で山靴を履いて沢を歩いたところ、靴擦れを起こし痛くてこれから先の過酷な行程は無理とのこと。正しい判断ではある、がそれって…。

防水の絆創膏一枚渡したところ、見事解決しました。

緩やかな沢ではあるものの段々沢も深くなり…巻いて行こうとすると倒木に阻まれ、ある者は倒木をくぐった瞬間GPSを川に落とし真っ青になっていた。我々は沢屋の体型、装備ではないためこういったことはよくあるのだ。段々核心部に近づき雰囲気も盛り上がり一六時一五分、赤湯又沢との出合。

虎毛沢で五時間？？？　途中いろいろあったがそれでもちょっとかかりすぎ？？？

この出合が実は難所。どうやっても対岸に行くには泳がないと無理。沢屋ではない我ら、基本的には靴すら濡らしたくないので山靴はすでに沢靴、サンダルに履き替えている。ズボンも股下ならまだしも上半身は…。

最初の一人が意を決して飛び込み（一瞬）泳ぐと、ほかのメンバーも続く。おや、約一名まだ往生際悪く頑張ってへつろうとしている。よっぽど濡れたくないのか、さては泳げないのか？　結果的にはあきらめドボン。

夏至からまだ一カ月、日の長い時期とはいえここは何もない山の中。急げ、急げ…。

最初の湧出地を一八時四〇分ごろ通過。そういえば七年前もここは入湯してなかったっけ…。

歩き始めの最初の難所

虎毛沢遡上開始。どうみても沢屋の格好ではない

徐々に核心部へ

今回も時間の関係でパス…ちょっと勿体ないか？？？

一〇分後に七年前の入湯場所、ここも入湯せず通過。上部には湯煙がもうもうと…。

日の当たらない山の中、さすがにあたりは暗くなり通常ならしんがり役の私だが、本日はなぜか余力のある？私が先頭切っていた。

メンバー確認のためふと振り返ると「あれ？ ザックにぶら下げていた靴がないよ？」と後続メンバーの一人に一言かけると、血相を変え「くつ、くつ～」と来た道を戻って行った。幸いにも後部のメンバーが上から流れてきた袋を引き上げると、中に靴が入っていたそうだ。

さらに上流に行くと…

またまた湯船が出現。奥を見るとヘッドランプがチラチラ…着いた…。なんとすでに一五、六名の人たちが天場に集まっていた。

「こんばんは～」と、この暗闇から現れた八名にざわついた。確かに皆どうみても沢屋の格好ではなく山装備のぽっちゃり体型。登山道外れて沢へ迷い込んだ遭難グループと思われてもしかたないくらいだった。

沢から数十メートル奥にボッケがあり、その手前が天場になりそう。先人たちはすでに食事も終え、これから楽しいであろうたき火、宴会モードへ突入しようとしていたが、哀れと思ってか我々に場所を分けてくれた。申し訳ない。

すでに就寝時間でもおかしくない二〇時半ごろ、とりあえずシートを広げて場所を確保し、やっと夕食の準備。ボッケの上でレトルトを温める。燃料使った方が荷物は減るか…。

ここはボッケ地帯。この灼熱地獄の上にシート引いて寝ようとしていたが、一〇センチずれるだけで大やけど。私の隣の人は快適だったらしいが、私は火傷しそうで結局、晩飯を食った大きな石の上で体を折り曲げシュラフカバーのみで就寝。おかげで翌日は寝不足＋体が痛い…。

二日目

朝食もボッケにて加熱調理。とりあえず昨日はバタバタして入浴のできなかった河原の湯船で入湯。ほっとするひと時だった。

朝九時四〇分、本日の目的地に向けて出発。

一時間ほどで赤湯又沢本流から別れて右又へ。ちょっとだけハードな場所もあり冒険気分。さらに一時間で右の沢へ。赤いぞ、ぬるいぞ…。

一二時ごろ視界が一気に開けボッケ地帯。奥に昔の湯小

河原の湯で一息

天場の奥はボッケ地帯

1998 年の入湯場所

屋跡。ここが本日の天場。小屋があった時代のものと思われる鍋、瓶などが散乱していた。

何処へテント張ろうか？？私は今回軽量化のためツェルト。張るや否や隙間からこおろぎ君とアリさんがいっぱい飛び込んでくる。ま、寝るときに追い出せばいいか。軽く昼飯をとった後ここから上の沢を散策。天場からすぐ上も源泉地帯。熱い湯がゴボゴボと…。

少し上のあたりからまさに桃源郷。右の沢よりすでにぬるい白っぽい湯が流れ込んでくる。ちなみに翌日は左の沢を溯上することになる。

右の沢を登っていくと湯滝がいくつも現れまさにミニカムイワッカ状態！　たまらず滝つぼで入浴するも、その後いくつも入湯可能箇所あり。標高約九〇〇メートルのあたりが最上部か。

あたり一面湯煙充満…源泉地帯。テレビの野湯特番でいうところの奥またぎ小屋温泉とよばれるところだろう。なかなかの光景だった。

噴気の少し下には素晴らしい湯船。これって先人の置き土産か？　ありがたく使用させてもらう。湯温は四〇度強とまさに適温。意外に広く記念写真も七人で入浴しても余裕の広さがあった。極楽極楽！　冷たい沢の合流下は湯量倍増でドバドバ掛け流し。私的にはこの火照った体にはぬる湯が最高。ここで三五度くらいか？　いつまでも入っていられ、都合二時間ほどボケーっと入っていた。

この日の晩は、荷物を少しでも減らすためガスカートリッジ使用。

一息つきアルコールタイム。秘蔵のシュナップス（ウィリアムス）登場。通常少量をス

奥またぎ小屋温泉

トレートで「くいっ」と飲むものだがなんと、お湯割りで飲む輩が…。

クセになる味とのことだが…ああ、お湯割りとは？？？

三日目

皆いろんな思いを残しつつ、朝七時過ぎに天場出発。また来る機会はあるのだろうか？？？

昨日まったりと二時間ほど浸かっていた湯船の左の沢を登る、登る、登る。途中あちこちで湧き水はあるので、持ってきたペットボトルの水はこの間ほぼ使用せず。

入れるような湯量ではなかったが、途中一〇〇〇メートル地点にも噴気地帯を確認。

一〇時くらいに沢の源頭到着。いきなり視界が開けて別世界のようだった。ここで大休憩、沢靴、サンダルから山靴に変更。

さてここからの藪こきは半端なし。背丈よりも高い藪を必死にかき分け前進。標高差一〇〇メートル弱だったが、四五分ほどの格闘の末に藪こき脱出。稜線に出て登山道に合流できた。

暑くって、袖まくりで先頭を切った私の両腕は無残な姿。後で温泉に入ると痛いのなんのって…。

後は登山道を下りるだけ。途中唯一の水場で最後の食事タイム。ここからも下りる、下りる。途中泥湯の源泉の新湯の横を通過。

終点の泥湯には一四時半ごろ到着。お疲れさまでした。ここでドライバーはまだゆっくりできない。とりあえず温泉入り口で売っていた冷たいラムネを一気飲みで喉を潤し、大湯入り口に停めている車を回収してやっと泥湯で入湯、三日間の汗を流した。

ちなみに到着一時間後くらいで激しい土砂降りの雨。これが数時間早かったら、もしくは昨日あったらと思うと、ちょっと「ぞっ」とする一瞬だった。

ところで山の中でひもじい思いだけは避けたいと食材を準備した結果、余った食材はどう考えてももう一回行けるだけの量が残っていた。

沢で十分水が手に入るのでペットボトルは最初の一本を使用しただけ。そのほか二本は蓋を開けもせず運んだだけだった。

食料・水合わせてちょうど二キログラム。これにブルーシート、スコップがほかのメンバーの装備＋αとなる。道理で重かったわけだ…。

いやあ、それにしても楽しい温泉行だった。

北海道へ

この年のまとまった湯巡りはお盆のみ。まだまだ体もバイクも元気だったこの年は、バイクで北海道へ。大雨でかなり泣きの入った大移動だったが、朝四時ごろ八戸港到着。間に合った…へろへろ…。

八月十三日

室蘭市　むろらん温泉　ゆらら　五〇〇円　道の駅に隣接。

とりあえず室蘭にできたばかりの施設でまったり。二階の休憩室で景色を眺めながらのんびり…。

洞爺湖経由で留寿都へ向かい、途中噴気の展望台から眺めると、右手には数年前の災害で流された建物が見えた。自然の力は怖い。

留寿都の国道二三〇号ではツーリング気分満喫。何回かピースサインを返した後スロットルを開けると…、風圧でタンクバッグが吹っ飛んでしまった…。一時間くらい辺りを探したが見つからず。このあたり、道の脇は薮なんだよな…。タンクバッグにはなんとGPSが入っていたので諦めきれない…。落ち込んだまま、とりあえず今夜の宿へ。
　明日はとりあえずタンクバッグを探すか…。

十四日

　宿のご主人と昨日の現場へ。探すこと約三〇分。なんと道から一メートル少し下の薮の根っこに引っ掛かって止まっていた。昨日、後続車が怖くて急ブレーキをかけられず場所が特定できなかったのだが、こんな場所にあったと感慨ひとしお。ともかく助かった…。
　朝一番に仕事が終わったので、宿のご主人と一緒に小樽方面の湯巡り。

小樽市　赤岩温泉跡

　昨年の北海道新聞で、昔の温泉跡がみつかったという記事を参考に行ってみた。明治～大正初めごろまで賑わっていた温泉宿があったという…。記事には建物の遺構は見つからなかったとあったが、連なる石垣が何かしら建物があったことを物語っていた。
　石垣のあたりを探すが源泉はみつからず。石垣から一〇〇メートル以上離れた所で、流れる水が海岸を赤っぽく染めていた。これが赤岩温泉の名前の由来か？　辿っていくと源泉らしきものがあった。よく見るとなんとなく噴泉塔？？？
　この手の成分を含んだ湧出はまだたくさんこのあたりにあり、さらに一〇〇メートルくらい離れたところで崖を標高差一〇〇メートルくらいよじ登った所にも湧出口があった。足場はガレガレ。これは結構怖い…。
　最初の湧出箇所で入浴準備。流れ出る水（温泉？）をドカシーに溜め無事（？）入浴。源泉は透明だが、析出物が混ざり赤っぽくなっている。絶景の温泉！　だが肝心の湯（水）温は実測十一度！　つ、冷たいぞ…。
　宿への帰りに上がり湯。

フゴッペ温泉　六〇〇円

　山間の鄙びた感じの旅館へ寄った後に、このころ話題になり始めたスープカレーを初めて食べてみた。倶知安キッチンはれる屋の夏野菜とふわふわ揚げのスープカレー、八五〇円也。

十五日

　食べ方がわからずぎこちないが、なかなか美味。

北竜町　北竜温泉　五〇〇円
モール系？

幌加内町　政和温泉　ルオント　五〇〇円

　そばの一大産地。食堂でおいしいそばが味わえる。そば湯も濃厚で美味。

美深町　びふか温泉　美深町林業保養センター　三〇〇円

　ここのキャンプ場泊。

十六日

　朝、稚内から利尻島へフェリーで渡る。

利尻富士町　利尻富士温泉保養施設　四〇〇円　再訪。

利尻町　利尻ふれあい温泉ふれあいの湯　五〇〇円
赤湯。

　テレビ番組で紹介されたお店でウニ丼注文。旨すぎ…。

利尻富士町　北のしーま　五〇〇円　利尻富士温泉源泉

　フェリーで戻り、稚内のキャンプ場にて、関東より握り拳二つ分（一〇度）高い北極星を仰ぎ見る。

十七日

天塩町　天塩温泉　夕映え　五〇〇円　アンモニア臭？
半端なし！

遠別町　旭温泉　保養センター　五〇〇円　改装。二源泉あり。

羽幌町　羽幌温泉　サンセットプラザ羽幌　五五〇円　うぐいす色の湯。
苫前町　古丹別温泉　ななかまど　三七〇円　温泉浴槽は小さめ。
剣淵町　剣淵温泉　レークサイド桜岡　五〇〇円　食事セットあり。
和寒町　塩狩温泉　塩狩温泉観光ホテル　四〇〇円　鄙びた感じの温泉宿。
旭川市　二十一世紀の森温泉　無料　キャンプ場も快適。

十八日

上川町　愛山渓温泉　愛山渓倶楽部　五〇〇円　完全舗装間近。
置戸町　おけと温泉　メモリーハウスおけと　三二〇円　展望風呂。
置戸町　鹿の子温泉　鹿の子荘　四〇〇円　意外に大きな浴室。
置戸町　勝山温泉　ゆうゆ　五〇〇円　足湯あり。
訓子府町　くんねっぷ温泉保養センター　三七〇円　銭湯風。
網走市　稲富温泉　稲富荘　四〇〇円　質素な宿。
網走市　オホーツク温泉　翁荘　宿泊　営業再開直後。

十九日

標津町　川北温泉　野天風呂　無料　再訪。
中標津町　中標津保養所温泉　中標津保養所　五〇〇円　広い浴室。
別海町　別海ふれあい温泉　郊楽苑　五〇〇円　高台の立派な施設。
浜中町　霧多布温泉　ゆうゆ　五〇〇円　黄色っぽい湯。
帯広市　たぬきの里温泉　三六〇円　再訪。

二十日

苫小牧市　樽前温泉　ゆのみの湯　六〇〇円　玄関に駒大苫小牧の優勝の垂れ幕。そうか、この日優勝したのだった。

硫黄沢へ

九月十七日

仲間から誘いがあったものの、この週は仕事の関係であきらめていたこの温泉。天気を調べるとこの週末しかチャンスはないと判断。金曜の晩に出張先から帰ってきてから二時間で準備し、夜中に出発場所の駐車場へ。おかげで準備はいい加減。現地仮眠もそこそこに朝六時出発の予定も、タクシー待ちでダムを七時半出発。一〇時ごろ晴嵐荘到着。

ここで休憩兼早い昼飯。

宿の主人から情報。

「先週テレビ東京のロケ隊が入ったよ」

「案内人はまさか？」

「N氏ですよ…」

一〇月一〇日八時からの放送とのこと。

十一時過ぎに山荘出発。

樽前温泉・ゆのみの湯

久しぶりの川北温泉

赤岩温泉跡にて赤い水を溜める

川の水量が少ない。二年前のお盆はかなり増水していて、あっさりと諦めたのだった。基本的にお盆はまだ水量が多いようだ。

　以前はちゃんとした登山道（伊藤新道）のあったコース。現在は荒廃して痕跡が残るのみ。上流の地獄で登山靴をウォーターシューズに履き替え出発。

　渡渉は頻繁に行うが水量は少なく、遡行も意外に楽だった。途中動物の足跡に加え人の足跡もかなり確認された。おそらくそのロケ隊の足跡だろう。大岩も何度かよじ登りながらクリア。突然約一名の「私ここで帰ります」宣言。どうしても岩を越えることができないと言う。え？ここまで来て？　体勢、動きの順番など細かな指示をすることによりなんとか乗り越えた。

　さて、両側に壁が迫っていて増水した場合逃げることのできない場所も通過。雨が降ったらひとたまりもない。一応この三日間は雨の心配はないとの予報だが緊張。一七時ごろ第五吊橋跡付近に到着し、河原の広場で野営。大雨が降らないということが前提の行為だ。

　さて、翌日は温泉探索。いい天気で気分も盛り上がる。今回は一応、硫化水素用のガスメーターとマスク持参。まさか本当に必要になろうとは…。ここまで上流に来ると、さすがに沢の水量も段々少なくなってきた。

出合の湯

　赤沢出合を越え、目的の沢とその東の沢との出合い。右手に通称出合の湯が現れる。緑がきれい。後日、温泉特番で紹介されたのはこの湯。おそらく先日のロケ時の湯船だろうか。

　とりあえずここは通過、上流散策を行う。ちなみにこの上部ではガスセンサーが鳴りっぱなしでメーターも振り切れ（場所によっては推定一〇〇ｐｐｍ以上！）。

　鳴りすぎて遂には電池が切れてしまった。（何の意味もないってことか？？？）危ないなあ…。

通称崖の湯

　オーバーハングの崖下に湯が湧いている。浅い所では気にならないが深い所ではむせる。はっきり言ってかなり危険。このころからか、よくテレビ、雑誌などでガスマスクをつけて自然の温泉へ入っている輩を見かけるようになったが、本当にガスマスクが必要と感じたのはここが初めてだった。上部へ行くと白い滝も現れた。学術的に非常に貴

崖の湯。気持ちよく入っていたらガスが危険

ルートファインディングが重要

湯俣地獄から上流へ

重らしい。いわゆる噴湯丘の一種？

　上部散策を終え下部へ移動中、どうしてもぬるい沢に飛び込みたくなりドボン！

　気持ちいい〜！

　最後に出合の湯へ。適温のマイルドな気持ちいい湯。ここまで下りてくると、ガスもほとんど気にならなかった。

十九日

　朝、ありゃ？雨がポツリ。これはやばいぞ！　増水したら徒渉できなくなる可能性もある。赤沢から三俣山荘経由で帰れば確実だが、山を越えると二日プラス。仕事に穴をあけてしまう…。

　天気的にはあまり崩れることはないというこの連休ということで、下りるということにした。五：五〇発。ほか二名は予定通り三俣山荘へ（のはず）…。

　ちょっと急ぎ足で下山。事前情報で瀞場の難所といわれていた場所も、地形が変わってしまったのか楽々クリア。とりあえずそこを越してしまえば少し安心。ふと後ろを振り返ると後続者がいない？　しばらく待つと焦ったようにやってきた。行きに登れなかった岩を帰りもどうしても越せず、四苦八苦したのだという。気がつかずすんません。

歩き始めてほぼ二時間。あれ、来るときこんな所にお湯が湧いていたかな？　あたりを見回すと、あれ、どこかで見た風景だぞ？

　少し進むと、ここって…着いちまった…。出発から二時間二〇分也。登りはほぼ五時間。こんなに早くていいの？？？　夢ではないはず…。まあここまでくれば安心。ゆっくりと湯浴みを楽しんだ。

　でも考えたら、ここからまだ三時間の歩きと家までの四時間のドライブが待っているのだ。

　九時三〇分、山荘へ帰着のあいさつ。着替え兼お食事。ビールで乾杯！　ここのラーメン、かなりいけます。ひと仕事終えた後というスパイスもあるのでしょうか。山小屋だけど、しゃきしゃきしたネギと白菜が印象的。

　ちなみに河原の露天だが、五月末に来たときと大きく変わっていた。理由は六〜七月にすごい雨が降って流されたからだそう。何でも吊橋のかかっている堤防の一部が決壊、山荘の前まで濁流が来たとか？？？（上流の沢の様相もそれで変わったのだろうか…）

一〇月連休は温泉付き
キャンプ場でまったり

　昨日夜に、東北道を北上。盛岡の赤湯温泉健康ランドで仮眠。昔はこうやって移動の途中に二四時間営業の温泉付

お世話になったマスクとガスメーター

出合の湯

硫黄沢の本流。気持ちいいぞ〜

き健康ランドをよく利用したものだ。こういう旅をする人は多いとは思うが、最近はどんどん廃業になっている。地元で使う人が減ってきたのだろうか？

初日は天気が良くないので施設巡り。

南玉川温泉　湯宿はなやの森

この年にできたばかりの温泉。意外な赤湯で満足。うたい文句は「みかん色の温泉」。宝仙湖に沈んだ小学校の分校を再現した建物。時計台がシンボルで原寸での再現だそう。

湯はナトリウム－硫酸塩泉。色はすごくあざやかなオレンジで泥湯のような感じだがさっぱり。雨だが露天へ行ってみた。広くてのんびり。雰囲気なかなかでＧｏｏｄ。

大沼方面へ移動。紅葉も真っ盛り。太陽が出ていないのが残念（雨です）。

この辺りは今回の参加メンバー四名それぞれ何度も来ているエリアなのだが、なぜか誰も行ってなかった大深温泉へ皆めでたく初入湯。あまりきつくなくいい湯だった。

その後、この二日間のベースキャンプ地を温泉付きの松川の自然休養林キャンプ場に決め、設営後近くの松川温泉へ。

松川温泉　松楓荘

一七時から女性タイムの洞窟風呂。着いたのは一六時四五分。急げ～！

キャンプ場に戻り、食事の準備。自立タープをサイト横のテーブルにかぶせ、雨の中でも快適宴会が可能。

今回は四人で車一台、テント一張りと過去のキャンプでは考えられない効率の良さ。まだ使ってない道具を使うことと、この夏に残ったアルコールを使い切りたいというのが一つの目的だった。

とりあえず乾杯！

どこも適温の湯ノ沢

家で眠っていた五年前の炭を使ってみる。火が付いてひと安心。何年も箱を開けていなかった鍋も初使用。四人用にはちょっと小さかった？　近くの精肉店で切ってもらったラム肉。ほしかったカルビがなかったのだが、このラム肉のなんと旨いことか。大正解。切り方がいいのか網焼きですごくおいしくいただいた。

　それにしてもこの自立タープ+テーブルの何ともよい収まりの良さ。雨降っても快適な宴会が楽しめた。

湯ノ沢

　二日目は天気も良く、散策日和。紅葉も見事。登山道で目的地を目指す。登山道が沢を渡る辺りは一面の湯煙。

　帰りはアスピーテラインが紅葉渋滞しているという理由で、松川方面へ向わず一度鹿角方面へ。その足であの温泉のある小坂へ寄ってみる。

奥々八九郎温泉（仮称）

　道中はなんだか凄い看板ができている（あくまで二〇〇五年の話です）。

　源泉槽（？）は拡張され四人でもラクラク。析出物も半端なし。湯船を拡張してもすぐに成分で狭くなるのだろう。相変わらずの足下湧出の天然ジャグジー状態。

　この時は町の公式ＨＰでも紹介されていたが、現在はロープが張られているとのこと。

　私らの前に一組、後にもう一組いました。皆さん行儀よくグループごとに順番に入浴。お隣の奥八九郎（仮称）にも寄ってみる。

　成分が違うのかこちらにはまったく析出物がない。人も来てなさそうだし、ちょっとかわいそう…。奥々八九郎へ来られる皆さま、こちらもお忘れなく。

今夜も乾杯！　今夜はホルモン！

最終日

新草の湯

　天気はあまり良くないとの情報だったので一湯だけ行こうと山へ向かう。麓ではそうでもなかったが、標高が上がると途端に色付き、紅葉がきれい。

　紅葉に囲まれた新草の湯。この三年前から来ているが年々ポリバスの崩壊が気になっていた。今回一年ぶりにやってきたが、ポリバスはついに壊れて除けられていた。深くはないが、石組みの湯船となっていた。

　この時は登山道からの入り口と、途中に目立つマーキングはなかったが、逆にこの方が人が入ってこなくなっていいかも。

　現在はどうなっているのだろうか？

ポリバスのなくなった新草の湯

奥々八九郎

南玉川温泉はなやの森

ベトナム統一鉄道&温泉旅

井澤俊二

抜けるような青空の下、温泉につかってぼーっとする。気持ちよくないはずはない。例えそこがベトナムであっても。

ベトナムで温泉

思いつきで出かけた久しぶりの海外。二〇一九年の十二月初旬、十三日間の日程で行きはホーチミン着、帰りはハノイ発の航空チケットのみ買って、ベトナムへ向かった。

東南アジアに位置するベトナム社会主義共和国。その国土は南北一六五〇キロメートル、東西は六〇〇キロメートルの縦長の地形をしており、気候は熱帯モンスーン。一八八七年にフランスの植民地となったあと、第二次世界大戦後の冷戦による対立構造に巻き込まれ、国は南北に分断。一九六五年二月に始まったベトナム戦争を経て、一九七五年四月のサイゴン陥落での戦争終結をもって、一九七六年七月二日に、統一国家となった。

ベトナムといえば、ベトナム戦争、女性の民族衣装アオザイ、ベトナム料理くらいしか思いうかばないくらいの乏しい知識しかなかったが、元・北ベトナムの首都ハノイ（現首都）から元・南ベトナムの首都ホーチミン（当時のサイゴン）を結ぶ、総延長一七二六キロメートルの鉄道路線、ベトナム統一鉄道（南北線）の「統一鉄道」という名前にひかれたのと、ベトナムにも温泉施設があることを知り、鉄道でベトナムを縦断しながら温泉に入るという、ただの思いつきだけで急遽ベトナム行きを決めてしまった。

自分の海外旅のスタイルは、おおまかな予定を立ててあとは臨機応変。今回は、ホーチミンからベトナムに入国。統一鉄道で北上しながら所々の温泉に入って、ハノイから帰国という、計画というかほぼ願望みたいな旅程だったが、ま、どうにかなるでしょ、ケ・セラ・セラ。

スマホさまさま

朝九時半に成田を経ったベトナム航空便は、日本との時差二時間を差し引いて午後二時過ぎにホーチミンのタンソンニャット国際空港に着地した。一二月とあってか東南アジアの国に着いたときのむわっとした空気もない。空港に着いて真っ先にすることといえば現地通貨への両替だが、近ごろではもうひとつやることが増えている。空港内のＳＩＭ屋で格安ＳＩＭをゲットしなければならない。しなければならないというのは、それはもはや必需品だからだ。

スマートフォンの進化と普及により、自分の海外旅の仕様も様変わりしてしまった。それまでは頼りになるのは旅行ガイド一択で地図は印刷物のみ。心もとない英語と、カタコト以前の現地語を駆使して、まず街に着いたらその日の宿を探すことから始める。快適に安く泊まれそうな宿を物色して、それが決まれば次の目的地への交通手段の乗り場や時刻を確認し、ようやく一息して街散策となる。

ところがスマホがあれば、地図どころか道案内もしてくれ、時刻表だってチェックできるし、宿の予約もブッキングサイトでいとも簡単にできてしまう。宿泊料から部屋の様子、口コミまでのあらゆる情報を吟味すれば、よほど運が悪くない限り外すことは少ない。

今まで必須だった何時間かが一気に手間いらずになり、その分時間を有効に使えるのだが、反面気まま旅の醍醐味が減り、痛し痒しでもある。ただ、便利すぎて、よっぽどの辺鄙な地にでも行かない限りもう元には戻れないだろう。

４Ｇのスピード、一〇ギガバイトの容量でデータ通信のみのＳＩＭが、一七五〇〇〇ドン（その当時のレートで一円＝約二一〇ドン）で、日本円にすると約八三〇円。動画などに手を出さなければ、これで二週間くらいは問題ない。かつては命の次に大事なものはパスポートだったが、今やそれにスマホが加わったといっていいほどだ。

次にしなければならなかったのは、駅に行って統一鉄道の乗車券を買うこと。路線バスの直通がなかったのでタクシーで移動。駅名は昔の名称のままのサイゴン駅だ。けっして豪華ともきれいともいえない建物で、日本の地方都市の駅よりも素朴な佇まいだったが、古いもの好きの自分にはこれがまたいい。

さて、ここでもスマホは大活躍する。

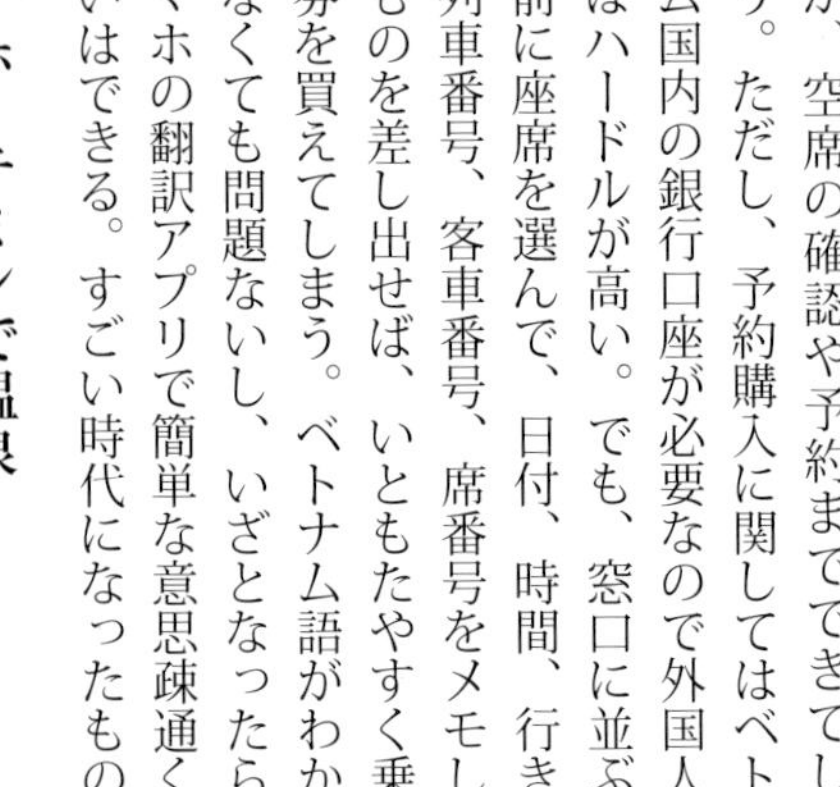

専用ウェブサイトで行程や時刻表どころか、空席の確認や予約までできてしまう。ただし、予約購入に関してはベトナム国内の銀行口座が必要なので外国人にはハードルが高い。でも、窓口に並ぶ直前に座席を選んで、日付、時間、行き先、列車番号、客車番号、席番号をメモしたものを差し出せば、いともたやすく乗車券を買えてしまう。ベトナム語がわからなくても問題ないし、いざとなったらスマホの翻訳アプリで簡単な意思疎通くらいはできる。すごい時代になったものだ。

ホーチミンで温泉…

ベトナム人にとって温泉自体は馴染みのあるものではない。というか、日本人の温泉への執着心が異常レベルなだけではあるが、ほかの多くの国と同じく、ベトナムでの温泉はあくまでレジャー施設の位置付けであり、その数も多くはない。今回リストアップしたのは統一鉄道沿線の五カ所。ホーチミン近郊の「ビンチャウ温泉」、ニャチャンの「タップ・バー・ホット・スプリング・センター」、ダナンの「フックニョン温泉」、フエの「ミーアン温泉」、それにハノイ近郊の「キンボイ温泉」だ。どれもが水着着用のプールタイプのものだが、海外ではそれが普通なので〝郷の湯に入れば郷に従え〟だ。

駅から市街地まで三〇分ほど歩き、前日にネット予約した、バックパッカー街のブイビエン通りから徒歩一〇分ほどにある「グエンシャック・サイゴン」にチェックイン。ここに二泊滞在するが明日は温泉に行く予定だった。だったというのは、宿の一階がカフェになっており、両方の壁には、百種類くらいの果実酒や薬草酒の瓶が所狭しと並んでいたのだ。これはもうしょうがない。翌日は朝から呑んでしまい、遠出する気力がなくなった。酒呑みの悪い癖だが、その温泉に行くのに片道を車で約三時間かかり、施設自体も完全リゾートタイプだったので、別に行かなくてもいいか、なんて一気にテンションが下がってしまったの

壁に並ぶ混成酒の瓶

好みのお酒をチョイス

一杯売りをしてくれる

ベンタイン市場の食堂街

ダウンタウンでビール！

だ。昼間は街散策と美術館や市場などを巡り、夜はダウンタウンで一杯。のっけから酔っ払い度急上昇！

そんなベトナム訪問最初の街ホーチミンだったが、一番見応えがあったのがバイクの群れ。日本でいうと原付タイプのバイクが市民の主力交通手段なのか、尋常じゃないくらいの数のバイクが道を埋めつくしている。大きな交差点で信号待ちをしているバイクの数は信号が変わるごとに百台以上にもおよび、それらが一斉に発進するさまは、爽快感さえ覚えてしまう。ただし、信号のない道を渡るのはかなりのテクニックを要するのだが。

結局、ホーチミン郊外の温泉には入らず、三日目の朝にサイゴン駅から次の目的地のニャチャンへ向けて、午前八時四〇発の統一鉄道に初乗車した。

ハノイとホーチミンを結ぶ統一鉄道の全駅数は一六九。特急列車でも始発から終点まで一気に乗ると、三〇から四〇時間はかかり、料金は約一三〇〇〇〇〇ドン（約六〇〇〇円）。便によっては車中二泊の長行程にもなる。例えばハノイ、ホーチミン間をバスだと料金が六割程度、三時間で着く飛行機でもLCCだと八割程度の料金しかからないから、列車を選ぶのは、きっと鉄分の高い人に違いない。

車両構成は、ワンコンパートメントに二段ベットふたつのソフトベッドと、三段ベットふたつのハードベッド、それにビニール張りの椅子のソフトシートと、木の椅子のハードシートがあり、長距離の場合は食堂車が連結されている。時間や距離によって構成はまちまちだが、ニャチャンまでは昼間移動なので、ソフトシート窓側を選択。やっぱり車窓を存分に楽しみたい。

ニャチャンで温泉！

車両は新しくもなくシートもくたびれているが、座り心地はわりと快適。すぐにホーチミンの喧騒をぬけると、車窓は一気にのどかになってゆく。車内販売はチマキや謎の食べ物、果物、お菓子や飲

ホーチミンはバイク天国

サイゴン駅

統一鉄道に初乗車

ソフトシートはリクライニング

ハードシートは木製の直角座席

み物などで、昼時には何品かのおかずを積んだワゴンがやってきて、食べたいおかずを指さすとライスとスープ付きのプレートをつくってくれた。お味はそれなりだけど、四〇〇〇〇ドン（約一九〇円）だし、車窓を楽しみながら食べればまさしく駅弁。ビールをお供にしたら、屋台料理みたいで満足度は高かった。

　車内は七割程度の混み具合。新幹線なみに通路扉の上に速度が出るのだが、七〇キロくらいが表示されると車両は左右にガタガタと揺れ出す。これも統一鉄道の旅情のうちなのか。午後一四時過ぎに若干の遅れでニャチャン駅に到着し、まずは五時間の鉄道旅が終わった。

　ニャチャンはベトナムでは有名なリゾート地で、なぜだかロシア人に大人気という。天気は今にも降り出しそうなあいにくの曇天で、海岸に人影はまばら。リゾート目的ならガッカリ度はマックスだろうが、ここにきた目的は温泉しかないので、荒々しい波を見るのも飽きなかった。

　翌朝、予め調べておいた「タップ・バー・ホット・スプリング・センター」を取り扱っている旅行会社に行くと、こぢんまりした店舗にはロシア人の青年が一人で店番をしていた。やはりロシア度は高いようだ。

　三〇分ほど待って迎えの車に乗り、二〇分程度で温泉に到着した。これならバイタク（バイク二人乗りタクシー）でも行けたかも。レセプションでタオルとロッカーの鍵を受け取り水着に着替える。マッサージやアロマテラピーのついたコースもあるようだが、自分のは泥湯のみがついた一番安いコースと送迎込みで二四〇〇〇〇ドン（約一一四〇円）だった。でもまあ、それで十分であったが。

　まず最初に泥湯。三、四人くらいが入れる湯船に灰色のどろどろした湯が張られており、そこに寝そべるようにつかる。先客はロシアの初老夫婦とそのお友だち。何度でも言おう、やっぱりロシア人密度が高い。泥湯自体は日本にあるそれと大差ないが、わざわざ海外で泥まみれ

乗車券はレシートタイプ

機関車は D19E、通称ドイモイ

車内はわりと空いていた

ニャチャンの海岸は大荒れ

タップ・バー・ホット・スプリング・センター

泥湯浴槽が並んでいるエリア

泥落としのシャワー

透明の湯でリラックス

温泉プール

打たせ湯

泥湯が抜かれたあとにパチリ

湯温は 37 度から 39.5 度の表示

になっている自分も悪くはない。二〇分ほどで湯が抜かれ強制退去。泥を落とし、次は湯船の大きさは変わらないが透明の湯につからされる。この湯は温泉なのだろうか？　無味無臭。成分的には日本でいうと単純温泉といったところだろうが、それを目の前の係の人に聞いても、きっとわからないと言うに違いない。

そのあとは、大きなプールや打たせ湯があるエリアへ。一〇〇人くらいの人がいたが、地元の人は若者が目立ったくらいで、外国人率は高い。もちロシア人。湯温は三八度くらいだろうか。場所によってもう少し温度が高いところもあって、自分が心地よいと思う場所を探してぼーっとする。滞在時間は三時間なので時間をもてあますかと思ったが、レストランで食事をしたり、ビールを飲んだり、湯につかったりしているうちに時間は過ぎて、迎えの車で街に戻った。

ベトナムの治安は良いほうなのか、宿泊した「パパヤ・ホームステイ」は裏路地にあったが、周囲は夜間に街を歩いていても身の危険を感じない。そこで夕食はどこにするかあてもなく歩く。ニャチャンの道路のバイク占拠率はホーチミンほど高くはないが、その代わり信号がない交差点も多く、渡るのにひと苦労する。とある三叉路で横に三人の女性が全六車線の道を渡ろうとしていた。タイミングを見ていたようだが、そのうちの一人が「行くよ！」とかけ声をかけ（実際はベトナム語だったが、脳内変換でそう聞こえた）、左右からバイクが走ってくるのをまるでないかのようにスタスタと歩いて渡りきっていった。その間、バイクは三人をたくみにかわしながら通過。そう、ここではバイクや車は歩行者の動きを読んでうまく避けていくのだ。危ないのは予測不能な行動をとること。旅行客はきょろきょろして、それがかえって危ない。その極意は帰国するまでに取得したが、ほかの国ではおそらく応用はきかないだろう。

　そうこうと街を徘徊しているうちに、店先に海産物を並べている大衆食堂に出くわした。みるからに新鮮そうなそれらの中から、殻付き牡蠣と、もう一種類なんだかわからない貝を選んで、店のおっちゃんにどの料理法が美味しいのかを聞いてつくってもらった。これがもう、うまいのなんの。ビールが進む進む。今回の旅でも一、二の当たり店で、料金もビール三本呑んで一八〇〇〇〇ドン（約八六〇〇円）。近くにあったらしょっちゅう呑みにいっちゃうよ。やっぱり、「どこでもドア」が欲しい。帰り際にさっきのおっちゃんに旨かったよサインを送ると、満面の笑みで見送ってくれた。

ダナンで温泉？

　ニャチャンに二泊して、翌朝の四時五五分発の列車に乗るべく駅に歩いて向かう。まだまだ薄暗い道は不安がないわけではない。ほかの国なら絶対にタクシーを選ぶだろうが、昨夜の街の雰囲気から危険な香りはせず、大丈夫と確信した。列車は三〇分ほど遅れて到着。今回も昼移動なのでソフトシートの窓側。八時過ぎに食堂車に移動して朝食にフォー（米粉麺）を注文した。食堂車は、ハードシート仕様で直角の背もたれの硬い木製の座席。これに乗り続けることになったら一時間ももちそうにない。雰囲気は抜群なんだけど、楽を覚えた日本人にはずっと座り続けるのは無理だろう。

　日本では食堂車はほぼ絶滅しているので、車窓から見える風景を眺めながらテーブルでの食事は格別だった。昼食は

海鮮大衆食堂

貝づくし。味はバツグン

おっちゃん、グッジョブ！

待合室は早朝ともあって人はまばら

食堂車は列車旅の醍醐味

前回同様のランチプレートに、もちろんビールも。おかずの内容がまったく違っていて、各列車や日にちによってコックのつくる料理はまちまちのようだ。まるで走る屋台食堂のようじゃないか。

　ダナンには午後一四時くらいに着きそうだったが、そのあとの予定はまだ決まっていない。念頭にあるのはダナンから路線バスで一時間のところにある、古い街並みが観光客に人気のホイアン、近郊にある「ミーソン遺跡」と「フックニョン温泉」。もうひとつ、ダナンとホイアンの中間点にある「マーブルマウンテン」という、洞窟に大きな石仏が安置してある名所だ。マーブルマウンテンをやめて直接ホイアンに行くか、それともホイアン行きは翌日にするかで今夜の宿を決めなければならない。ベトナムの田舎風景を見つつ思案。結局、今夜はマーブルマウンテンそばに宿をとって、翌朝早くに見学。そのあとホイアンに向かうことにして、列車の中からスマホで今晩の宿を予約した。こんなことを簡単にできてしまうのも、スマホさまのおかげである。

　午後一四時過ぎに約七時間かけてダナン駅に到着。市場探索や両替などをして、ダナン大聖堂近くのバス停からホイアン行きの路線バスに乗って途中下車。

　ホテル「フォン・ホア・ゲストハウス」は一泊九ドルと格安なだけあって場末な香りが漂っていたが、まあ、こんなものだろう。周囲に夕食を取れそうな店もまばらだったが、エビ専門レストランを見つけてそこにした。壁にはエビが泳ぐ水槽がずらっとあり、フロアの真ん中には釣ったエビを食べられる生簀があったり、なんじゃこれ?な店だったが、一〇〇人くらい座れそうな広い店内に客は自分ひとりで、暇そうな店員の良い眠気覚ましになっただろう。従業員の女の子は沖縄に三年いたと言って、たどたどしい日本語で話しかけてきた。話さないと日本語を忘れちゃうからだろうか、けっこううれしそうに話す姿が微笑ましかった。

　翌朝は六時くらいにホテルを出て、近

朝ごはんはベトナムの大衆食フォー

昼ごはんは車内販売のランチプレート

パステルピンク色のダナン大聖堂

エビ専門レストランでビール

エビの串焼きとエビオムレツ

くのフォー屋で朝食をとってからマーブルマウンテンへ向かった。階段がけっこうあるので、荷物を露店の親父に預かってもらって石仏巡り。観光客はまだ誰も来ておらず、朝日が差し込む凛とした洞窟内で荘厳な石仏をぼーっと眺めた。一通り回って最後に一番最初に見た凛とした洞窟にもう一度行ってみたら、楽しげなBGMが流れていたり、人ががやがやと話していたりで、さっきの荘厳な雰囲気は皆無。早起きしてよかった。さて、ホイアンに行くとしよう。

　ホイアンは小さな街ではあるが、立ち位置的には京都みたいな古い街並みが保存されている世界遺産の街だ。昼食を雑多な市場の食堂で済まして散策開始。ただ、近年の京都が外国人観光客で溢れかえっていたように、ここホイアンも同じ有様で、情緒を味わうことはできそうにない。でも、夜になると街並みのいたるところにランタンが灯り、川に浮かぶ船に灯るランタンとあいまって、幻想的な光景が繰り広げられる。それを見るためなら訪れる価値はありそう。

　翌日は、「ミーソン遺跡」と「フックニョン温泉」へ、レンタルバイクを借りて行く予定だった。だったというのは、朝起きてみるとなんだか気分が優れない。体調が悪いというわけでもなかったが、バイクなのでこういうときはやめておいたほうがいい気がしたのだ。車をチャーターする手もあったが、いきなりの手配も慌ただしいので、あっさりと今日はのんびり過ごすことに切り替えた。

　ホイアンのホテル「クア・カム・ティム・ホームステイ」は、ランタンの灯る川とは別の大きな川に挟まれた一角にあって、ベランダからその大きな川が眺められた。漁船や貨物を運ぶ船、小さな観光船がポンポンポンと音を立てて行き交うのをぼーっと見ながらビール。日本での温泉旅もそうだが、こうして何もしないで過ごすのは、かけがいのない一日でもある。結局、遺跡も温泉も行かずに次の目的地のフエへ向かう。

洞窟の中に鎮座する石仏

バス停でホイアン行きを待つ

ホイアンのバスターミナル

風情あるホイアンの町並み

川を眺めて日がなぼーっと

フエで温泉！

ホイアンに二泊した翌朝ダナン駅まで路線バスで戻り、午前九時五七分発に乗る。今回も昼移動。乗車時間は約三時間と短いが、ソフトシートの車両右側の窓側を選択。なぜ右側かといえば、この区間は統一鉄道の一番の景観であるハイヴァン峠を越えるのだが、ハノイ方面行きだと進行方向の右が海沿い側になるからだ。標高をどんどん上げて海岸線を登る列車から見る大海原は眩いばかりで、その景色は、統一鉄道の最大の見所にふさわしかった。

ここで大きなミスを一つしてしまった。ポケットにホイアンのホテルの鍵があるではないか。そう、持ってきてしまったのだ。その鍵もビジネスホテルでよくある、差し込むと電源が入るタイプのもので、ネーム入りの大きなプラスチック板が付いている。あちゃー、どうしようか。日本の温泉宿でもたまに鍵の持ち帰りをしてしまうことはあるが、そのときは郵送で送り返したので、もうフエから郵送するしかない。ホテルにその旨メールしたが、返事はこなかった。

午後一時過ぎにフエ駅に到着。フエは統一鉄道の路線のちょうど中間地点にあり、ベトナム最後の王朝であった阮朝（げんちょう）王朝の王宮をはじめ、過去の様々な歴史的遺跡が世界遺産として残る街だ。新市街と王宮のある旧市街があり、王宮のそばにある「タム・ファミリー・ホームステイ」に二泊の宿をとった。

翌日、ホテルでバイクをレンタルしてようやく温泉に行くことにした。全六車線の幹線道路をまっすぐに進み、途中で全二車線の小道に入る。のどかな田園の中を走らせること約三〇分くらいで「ミーアン温泉」に到着した。

ベトナムでは、いわゆる原付タイプで排気量五〇ccまでのバイクは免許を必要としない。ただし、何かあったときの保証はなく、ハイリスク。ただ、ここフエは交通量も少なく、もともとバイク乗りの自分にとっては難易度は低い。注意すべきは右車線走行と流れに乗ることだったが、実際、快適なツーリング気分を味わえた。

「ミーアン温泉」はホテル併設のリゾート温泉だが、わりと地味でのどかな雰囲気。人工の細長い川が敷地内をくねくねとあり、そこに温泉が流れている。湯温は下流ほどぬるく、上流にいくほど熱くなる。四〇度ちょいくらいの場所でぼーっとする。川の横には広いプール型の湯船があり、ぬる湯の適温。来た当初は二組の家族づれとペアが一組いたが、いつのまにか誰もいなくなっている。目の前に木立が見え、空は快晴。静寂のなかぬる湯にじっくり。水着着用だけど、こうして心地よい湯につかっていると、ここがベトナムでも日本でも温泉に変わりない気分になってくる。ベトナムに来てよかったなと、今さらながら思った。

川を上流にたどると源泉らしき湯だまりがある。たまたまいた従業員に話を聞くと、源泉温度はたしか六〇度で泉質はわからなかったが、まあ、温泉の楽しみは泉質だけではないからね。

帰り際、従業員の女性が日本語で話しかけてきた。愛知県の自動車工場で三年働いていたという。きつかった？と聞くと、うんと頷いていたが、この人もひさびさに日本語を話したかったのかな。日

日本の岩造りの露天風呂のような温泉プール

人工の川に温泉が流れている

ぬる湯でぼーっと

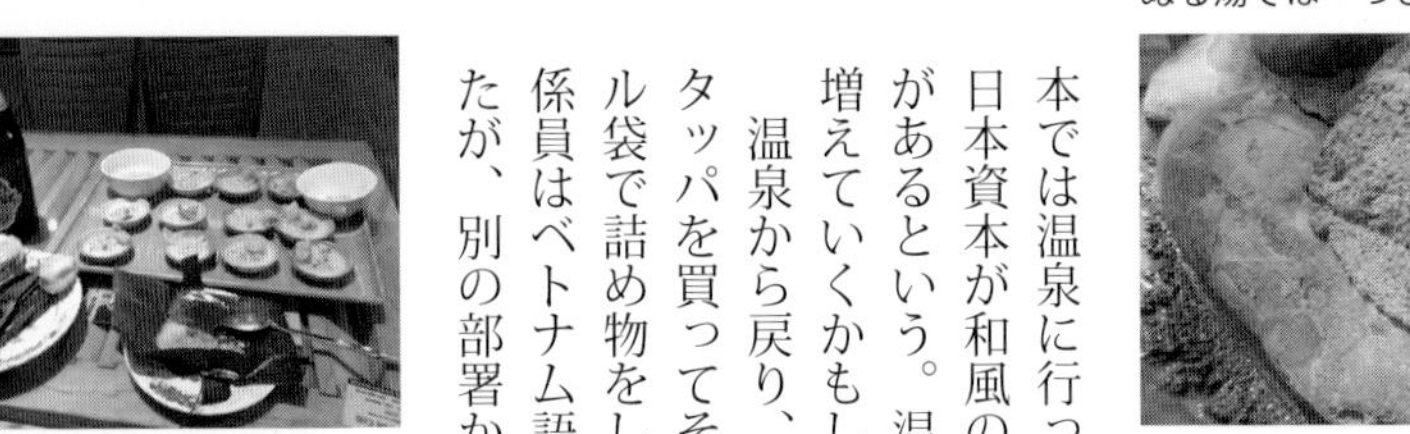

レストランでフエ宮廷料理

安食堂でサッカー観戦

温泉成分が付着している

広い敷地の中に温泉がある

本では温泉に行っただろうか？　フエに日本資本が和風の温泉施設をつくる計画があるという。温泉好きのベトナム人も増えていくかもしれない。

　温泉から戻り、郵便局に行く。市場でタッパを買ってそこに鍵を入れ、ビニール袋で詰め物をしてホイアンに送る算段。係員はベトナム語しか話せないようだったが、別の部署から英語がわかる人を連れてきてくれた。梱包する紙をもらおうとしたら、その人はタッパをガムテープでぐるぐる巻きにして書類をポンと貼り付けた。いいよねこういう簡潔さ。鍵は無事ホイアンのホテルに届いたようで、四日後にていねいなお礼メールが返ってきた。

　夕食に出ると街が騒がしい。レストランというレストランに人がたむろしていて、大型ビジョンでサッカーの試合を見ている。東南アジアサッカー選手権でベトナムが決勝に出場しているという。どこもかしこも混んでいたので、場末の小さな食堂の店先の路上に座って、小さな液晶テレビでサッカー観戦をしながらビール。周囲の熱気がむんむんする。結果、ベトナムの勝利で優勝。そのあとは、若者がバイクで街中を走り回って、夜遅くまで遠くで爆音が響いていた。さしずめ日本での、W杯時の渋谷スクランブル交差点ノリだ。

ハノイで温泉？？？

　翌日のハノイ入りを飛行機にするか鉄道にするかで迷っていた。飛行機にすれば搭乗時間は一時間一五分、鉄道だと約一四時間で、料金差は飛行機が千円くらい高いだけ。ハノイに早く着いたらその分ハノイでの滞在時間が増える。この時点で帰国まであと三日。飛行機で行けばハノイ三泊、鉄道だと車中一泊でハノイ二泊。

でもやっぱり、ここまで統一鉄道で移動してきたのだから、終点まで行くっきゃない。うん、ハノイには鉄道でいくことにしよう。駅に行って乗車券を買い、午後三時三三分発の時間までを有効活用すべく、バイクで近郊にある古い渡橋「日本橋」に行ったり、フエのB級グルメである、しじみ飯「コムヘン」(これは美味!)を食べたり、街中をバイクで走り回ったり。

今回は夜行なので初の寝台車両。ソフトベッド二段の下段でハノイ入りだ。途中駅から青年が一人同室になったが、お互い寝るしかないので会話もなく、やがて目を覚ますとすでに列車はハノイ市内を走っていた。午前五時前にハノイ駅のホームに到着し、これにてハノイ、ホーチミン間の統一鉄道を乗り切った。

ハノイでは二泊して帰国となる。ハノイで観光といえば、近郊のハロン湾が必須のようだが、行くとなると翌日しかない。一日ツアーだと行程がきついし、あまり興味もなかったからパスし、それよりも予定していた「キンボイ温泉」をどうするかだ。ベトナム労働組合ホテルの中にあるこの温泉は、室内の温泉プール形式で、無骨な感じに心ひかれたのだが、片道三時間ほどかかりそうだし、今となっては鉄道で来た時間ロスがどうしようもない。温泉はやめにしてハノイの街を散策することにした。

首都ハノイはホーチミンほど近代化が進んでおらず、昔の面影を残す建物もそこかしこに点在する。ベトナム美術博物館、ホーチミン廟、タンロン遺跡、大教会、

ハノイ駅

伝統音楽の生演奏

ドンスアン市場を回ったりと、ベトナムで初めて観光らしい観光をして、昼は大衆食堂で食事、喫茶店でビール。夜はカ・ツル・タン・ロンで民族古典音楽鑑賞。晩飯は小ぎれいなレストランにてサイゴンビールでしめて、ベトナム最終日の一日は暮れていった。

翌朝は、午前七時五〇分発の帰国便に間に合うように、四時過ぎにホテルを出て、路線バスで空港に向かった。眠りから醒め始めたハノイの街をぬけながら、今回の旅を振り返れば、統一鉄道を始発から終着まで乗れはしたが、当初予定していた温泉五カ所のうち入ったのは、二湯のみ。全部回るには、あと一週間くらい必要だったかも。

温泉好きにとってはどうなのかとも思うけれど、あくせくした旅よりも、こっちのほうが性にあっている。名所巡りをするよりはのんびりと街を歩いて、その国の人やその生活を肌で感じたい。そんな自分の旅の楽しみを、再自覚した旅でもあった。

でも、つきつめれば、ずっと酒を呑んでいただけ、だったのかもしれない……。

令和二年の温泉つれづれ

長尾祐美

「ひと月に一回は必ず温泉に浸かろう」と言うライフワークを掲げたのが確か一五年ほど前。

それまでは、「普通の温泉好き」として、年に両手で数えるほどの温泉地へ旅行していたくらい。

温泉をライフワークのひとつにしてから、ふとあるとき数えたら、年に一〇〇日は旅に出ている算段になってたときもあったっけ。今や入湯数二〇〇〇は優に超え、年に二〇〇湯〜多いときは三〇〇湯、ほぼ週末ごとに全国各地の温泉地へ湯仲間と探訪し、あるいは単身赴いて現地で湯仲間と合流し、その土地ならではの温泉×地酒を楽しんでたっけ。

そんな当たり前の日常が途切れてしまったのが、二〇二〇年四月。その月の温泉回数ゼロ回。翌五月は、前から予約していた水月ホテル鴎外荘（二〇二〇年五月閉館）に一泊した一回のみ。四月〜五月と足掛け六〇数日もあるなかで、温泉回数が一回とは…。

東京に住んでいるから、行こうと思えば例えば蒲田の黒湯でも行けなくはなかった。だけど、そんな状況じゃなかった東京都民の日常。この時ほど、温泉地に住んでいるひとが羨ましいって心底思ったっけ。

そんなこんなで、ふと立ち止まった二〇二〇年春。

私にとって、温泉ってなんだ？

気晴らし？　多忙な日常からの脱走？　体力づくり？　健康維持？（旅に出ると二食付き&規則正しい生活になるので…）自然鑑賞？　人とのふれあい？　わくわく感を求めて？　飽くなき探求心？　未知との遭遇？（笑）　多分すべてアタリ、私にとって人生を生きる上での尽きることのない永遠のテーマ（…のような気がする）。

「普通の温泉好き」が温泉にハマったのは、忘れもしない、長野県長野市松代温泉、あれは二〇〇三年のこと。それまでは、温泉と言えば透明、ちょっと変わっていて白濁か緑色（地元新潟に月岡温泉があったので）、それくらいの認識しかなかったのに、公共の宿の、それも大浴場のドアをガラっと開けたらそこにあった「まっ茶色でガビガビした温泉」の、その衝撃といったら。

口から洩れたひとこと、「…なんじゃあ、こりゃあ!?」。

その後、あんな湯、こんな湯、心躍る温泉には数多く出逢えど、二度目の温泉的衝撃（それまでの温泉観が覆ったほどの温泉）は、二〇一七年の豊富温泉ふれあいセンター、朝いちばんの湯。あまりに衝撃的すぎて思考回路停止、浸かっている間中、もう笑うしかなかったもの（笑）。

はぁ、温泉って、まだまだ奥深い。

同じ温泉はふたつとない、日本は火山列島＝温泉天国、全部巡ることなんて到底できない壮大なすごろくゲーム。湯友の先輩ヨーコさんが昔、ふとおっしゃっていた言葉。「温泉を制覇するなんて、できっこないんだから…」。

そう、「制覇する」なんて、なんという上から目線（笑）。「大地の恵みに感謝し、有難く湯に浸からせていただく」、そして「温泉は楽しく♪」。この思いがある限り、私の人生の温泉道は終わらない。

もし温泉がイヤになることがあったら（あるのか!?）、そのときは少し休めばいい。事情があって浸かれないときがあっても、浸かれるようになったら浸かればいい。

人生は、懐深い湯とともに。今までも、これからも。

豊富温泉ふれあいセンター、朝いちばんの湯

いつも楽しい別府の思い出から、かおなしまちすさんと白池地獄前にて

星空の下のディスタンスあらため、コロナ下のディスタンス

鈴木哲也

はじめに

THE ALFEE全盛のころを知り、大好きな世代にとって、昨今よく耳にする〝ディスタンス〟と聞けば、自ずと彼らのヒット曲、「星空のディスタンス」を口ずさんでしまう。

そして、サビ部分でハモられる〝星空の下〟と言えば、温泉好きにとっては、露天風呂から見上げる満天の夜空を連想してしまう。

「コロナ」と「温泉」…

今回の会報は、今年初めまでなんの縁もゆかりもなかった両者の関係が、温泉を愛する者たちにとって、どれほどインパクトのある精神的苦痛を強いられたことを、私自身のまったくの主観や私見を並べてみたい。

なお、今の世の中がまさに、そうであるように、「コロナ」に対する各自の考えや判断、行動はときに批判を招くことが多い。

ついては、私が述べることも、お読みいただく方の考えによっては、受け入れ難いことを目にするかもしれないが、それはあらかじめご了承いただくか、もしくは、この段階で先を読まずにほかの頁へお移りいただくよう願いたい。

各人の人間性を炙り出したコロナ

今般の新型コロナ禍において、温泉には行けなくなってしまった。正確に言えば、行っていいのかもしれないが、「行こう！」という気持ちになれなくなった、という方が、私にとっては適切な表現かもしれない。

移動中しかり、宿の中でしかりだが、私は「マスク着用」をしてまで、温泉に行こうとか、楽しみたいとは、心が欲しない。

もちろん、こんなときこそ、宿泊をしてその宿や温泉地を応援したいという気持ちはあるし、理解できるのだが…。

それを「良し」としない考え方の人も圧倒的に多い中で、十分に楽しめないのは、やはり躊躇ってしまう。

しかしながら、この「コロナ」というものは、ポジティブに受け止めれば、個人的にも、社会的にも、色々な人々が様々なことを考えさせられる契機になり得たのは確かだ。

オリンピック・パラリンピックのような世界的一大イベントが延期となったことも、衝撃的な出来事であった。

そもそも、約七年前、東京は誘致に成功し、二〇二〇年開催を目指し、国や開催自治体、競技団体、アスリート本人、そのほかの個人も、大なり小なりの夢や期待を膨らませていた。

また、海外から多くの人々が集まるこ

とを、経済的チャンスと目論んで、「おもてなし」という名の下に、インフラ整備に巨額の費用が投入されたし、規模の大小を問わず多くの企業や商店、個人においても、景気浮揚の起爆剤と当て込み、少なからぬ金銭を投資して、来たるべき日を心待ちにしていたに違いない。

そんな、準備や期待を嘲笑うように、新型コロナという感染症は、全てを台なしにしてしまった。これは、そもそも誘致自体が失敗であったとか、誰かに責任があるわけではない。また、開催を目前に控えた段階で、誘致に対し「良い」「悪い」のジャッジなど不毛であり、誰にもできるものではない。ただ、単に「現実」というものの結果であり、辛く非情なことであった。

また、私は温泉も大好きだが、旅行自体も大好きであるがゆえに、現状を悲観することもある。これまで空気のように、当たり前のように、好きなときに、好きな場所へ行けた「自由」の素晴らしさを噛みしめる契機となったのも、確かなことだ。

人は何事も失ってみて初めて、なんでもなかった平穏だった「日常」というものの尊さや有難みを、きっと痛感するのだろう。

一方、今般の新型コロナ禍で露呈し、大変残念に感じたことは、このコロナ対策に基づく「新しい生活様式」というものを、国民同士が相互に監視し合うかのような、同調圧力という、科学的な知見や納得のゆく政治的決断がない中で、個人の意思や判断が尊重されない現実を見せつけられたことだ。皆がみんな、横並びに、一律に、同じことをやっていないと、非難中傷の目や言動を浴びせられるという、悲しみや哀れさ、人間の弱さが日本全国各地で繰り広げられた。

やはり、令和になっても、この国の人々の精神的根底、或いはDNAには、戦中・戦前や江戸時代ごろの思考回路が埋め込まれているのかもしれない。個人の考えや判断、生き方よりも、どこかでなんらかのタイミングにおいて、声高に叫ぶ人の論調や弾みで形成された方向性や世論に同調しなければ、その個人は生き辛い目に遭うという、まったく包容力のないカルチャーが支配する社会なのだと、改めて気づくことができた。

このコロナというものは、私が思うに、純粋にその「感染症」としての恐れよりも、集団的思考となった方向性に対応しかねる者へ攻撃的になってしまった「国民性」に、恐怖や憂慮を覚えてしまうということを、再認識する契機となった。

つまるところ、まったくの主観になってしまうが、そもそも潜在的に持ち合わせていた、一人ひとりの人間性を、このコロナは炙り出したように思う。

しかしながら、こんなことでも起きなければ、おそらく考えも振り返りもしなかったであろうことを、この会報で綴ろうと思えたことはよかったといえる。

本題に入る前の前書きとしては、ずいぶんとコロナに対する毒舌が過ぎてしまったが、私自身のこれまで温泉と関わった四五年余の時間を、節目を拾いながらプレイバックしてみたい…。

城崎

～温泉との出逢い～

私が初めて「温泉」というものの存在を知ったのは、一九七五年、小学二年生の夏休みであった。その詳細は、前回会報に綴ったが、兵庫県の城崎温泉での外湯巡りが、私の記憶する温泉との初めての出逢いであった。

外湯を巡る人々が行き交う下駄の音、一つひとつが個性のある浴場と大きな湯舟、高い天井、見知らぬ者同士が裸で過ごす特異な空間、そこに生まれる他者へのマナーや気遣い…。

それらのどれもが、当時の私にとって新鮮なカルチャーショックであった。この城崎での外湯巡りは、私にとって温泉の「原風景」となった。

今でも目を閉じれば、川の両側に続く柳並木と幾つも架かる石橋、軒を並べる旅館や土産店の賑々しい温泉街の様子が目に浮かぶ…。

草津

～露天風呂との出合い～

思い出深い、露天風呂との出合いは、高校進学の春、中学のクラスメイト四人で草津へスキーに行ったときであった。

春とはいえ、まだ寒さを感じる早朝の上野駅で、列車が入線する一時間以上前に、自由席を確保するため待ち並んだことが懐かしい。無事に四名掛けのボックス席を確保でき、駅弁を買い、165系の電車急行「草津」号で一路、長野原駅を目指した。

急行列車を降り、草津温泉へは国鉄バスが接続。山道を揺られ三〇分ほどで着いたように思う。草津温泉バスターミナル到着後、宿となる草津高原ユースホステル（以下、ＹＨ）に向かい歩いた。三〇分ほどあったように思うが、途中「ナウリゾートホテル」という、瀟洒な宿があり、こんなところに泊まりたいけど高そうだなぁ…などと思ったものだ。

歩き疲れたころ、ＹＨに到着。まだ、チェックインできる時刻ではなかったので、早速スキーをレンタルし、スキー場へ向かうことにした。

当時のスキーは、板も靴も重量があり、スキー場までの道を担いで歩くのは、なかなかの苦労であったことを覚えている。四人のうち、私を含む三人はスキー初心者で、経験者がそれなりに教えてくれた。すぐに要領をつかみ、滑れるようになった者もいれば、私はなかなか体がついてゆかず、我流でおかしなクセを習得したまま、とりあえずリフトに乗って、コースを滑ることとなった。

緩斜面であったため、素人ながらもボーゲンで下りてくることができ、なかなか楽しかったという印象を抱いたことを覚えている。初日はほどほどにして、ＹＨに戻りチェックイン。

ＹＨは、会員にはなっていたが泊まるのはこれが初めて。男女別相部屋制の宿泊施設で、「ペアレント」と呼ばれるオーナーと、「ヘルパー」というスタッフの存在が独特だった。各ＹＨによって、ヘルパーが催す夕食後の「ミーティング」というのも、基本的には宿泊者全員が参加するのが慣例であった。

その当時のミィーティング内容は覚えていないので、おそらくそんなに「濃い」ものではなかったのだろう。もしくは、ミーティングそのものがなかったかもしれない。ＹＨによっては、このミーティングで人生が変わったという宿泊者も少なくないようである。

かくいう私自身も、ほかのＹＨではあったが、高校二年の夏、今思えば遅き

「初恋」といえる人と出逢い、文通交際を重ねたり、同冬には私のリクエストで「乗り鉄デート」をしたが、翌春、彼女の進学のための勉学に専念したいとの気持ちを告げられ、儚い恋は終わった。

話が脱線してしまったが、元に戻すと、このYHは温泉地でありながら、浴場が温泉ではなかったので、スキーが一番上手く、草津にもよく家族で来たことがある友人が、「露天風呂へ行こう」と言い、皆も賛成した。私も「露天風呂」というものに入った経験も記憶もなく、どんな所かと楽しみにしてついて行った。

その友人が「西の河原」と言っていたのを覚えている。当時の西の河原には、温泉の湯が流れていたり、溜まっていたりするような一帯が公園になっていた。当然、現在のような有料施設の大露天風呂などなく、公園となっている辺り一帯は夜のため暗く、園内をポツリポツリと照らす外灯を頼りに、湯舟らしきものを探したが、なかなか見当たらなかった。

シビレを切らし、チョロチョロと温泉が流れ溜まっている「湯だまり」のような所があったので「ここへ入ろう!」となった。脱衣所もなく、適当に脱いで入ったが、浅すぎて寒かったのが第一印象であった。それでも、友人四人と入った初めての露天風呂として、いつまでも記憶に残る場面となった。

十勝岳温泉

〜秘湯との出合い〜

一九八九年夏、当時大学三年生だった私は、愛知県に住んでいた。この年の夏、久しぶりに家族で旅行することとなり、行先は北海道となった。プランや手配は私が担当になった。その詳述は省くが、富良野観光をしたついでに、天気が良かったので、思いつきで立ち寄ったのが、十勝岳温泉「凌雲閣」であった。

温泉を目指し車を走らせたが、ずいぶん標高の高い所まで車で入って行けるんだなぁ…と思いながら、どこに目的の湯があるのか痺れを切らしたころ、目の前の視界が開け、噴煙をなびかせる十勝岳連峰の一角が目に飛び込んできた。

後になって知ったことだが、凌雲閣は、北海道で一番標高の高い所にある温泉施設であった。私は意気揚々と温泉目がけて、山小屋のような建物に歩を進めたが、そんな私に家族で付いて来たのは父だけで、祖母、母、妹の女性陣は、宿の外観に困惑したようで入らなかった。

父と脱衣所らしき場所から露天風呂へ出ると、圧巻の風景が広がり、しばらくは温泉よりもその絶景に見惚れてしまった。雄大な十勝岳連峰を望み、茶褐色の湯に入り、「秘湯」の良さをつくづく実感してしまった。

また、私の記憶が正しければ、当時の露天風呂は混浴可だったのかもしれない。というのも、後から、女性陣が露天風呂の様子を見にきて、写真を撮ってくれたのであった。なお、この凌雲閣には、その後に友人と再訪している。

時季は冬だったが、雪道を登りいざ着いてみると、たまたまだったのか休館で、非常に残念な思いをした記憶がある。なにはともあれ、十勝岳温泉「凌雲閣」が、初めて秘湯に魅了された思い出の湯であった。

TVチャンピオン出場

〜温泉達人会との出合い〜

一九九五年冬、当時二七歳だった私は、某専門学校のトラベル学科で教鞭をとっていた。たまたま見かけたテレビ番組で「温泉通」を募集するのを見かけ、一枚の葉書で応募した。

年が明け、自宅に電話が鳴って出ると、テレビ東京の人気番組「ＴＶチャンピオン」のディレクター氏からであった。応募ハガキを見ながら、職業のことや入った温泉の数、好きな温泉などを聞かれるがままに答えた。そして、一〇問ほど温泉クイズをその場で出され、すべて答えることができた。

数日後、今度は別のスタッフから電話が鳴り、出場者に決定した旨の連絡を受けた。かくして『第四回・全国温泉通選手権』の出場となった。

なお、これは私の推測だが、応募者の中でおそらく最年少者だったことが、選ばれた理由だったのではないか…と思った。

一月下旬、新宿駅西口からロケバスが出発する指定の場所で集合すると、前回優勝者の郡司氏と中学の音楽教師、出場二回目の長距離トラック運転手と私の、計四名の出場者が顔を合わせた。お互いに和やかな雰囲気で、一行は四万温泉を目指した。

翌日、ロケ開始。第一回戦は「モノあてクイズ」。四万温泉の某旅館で提供されるモノ（人）を当てるもので、出題内容は次のとおりであった。

①野菜人形の置物（土産）
②雑炊
③女将
④スリッパ

朝一〇時ごろから夜十一時ごろまで、温泉街を下駄・浴衣姿で一〇キロ近く駆け回り、かなり疲労した。

ロケ終了後、バスで尻焼温泉へ移動し、宿に着いたのは深夜二時近くだった。

翌朝、第二回戦前半は「パネルクイズ」。尻焼温泉名物の露天風呂に、一～二〇までの番号札が入った桶が浮かべられ、一回一回、浴衣を脱いで湯に入り、札を取って再び着衣し、回答コーナーへ戻り、その札の番号で設定された出題を答えるものであった。

テーマは「映像」「音」「土産」「料理」「湯」などから、全国各地の温泉のＶＴＲや実物の料理、湯が持ち運ばれ、回答者を悩ませるものも多かった。

なお、二〇枚ある札のうち、ハズレが五枚あり、ハズレを引いたときは、再び札を取りに行くのがしんどかった。

ちなみに私はこのハズレを二回も引いてしまった。そして、このクイズで一位になると、後半の「温泉しりとり」でのパスできる回数が多くもらえる仕組みであった。前半の結果は、私は三位となり、パスは一回のみと決まった。

尻焼温泉の湯は結構熱く、約二時間かけて湯に浸かってのロケで、のぼせてしまった。

そして、温泉しりとりの結果は、私がパスを使い切って、さらに間違った温泉名を言ってしまい終了、第三位が確定した。二月二九日、テレビ放映も無事に終わった。

そして、しばらく時間が経った五月ごろ、番組のアドバイザーだった飯出さんから、歴代のテレビチャンピオン出場者を集めた会合を開く旨、連絡をいただいた。場所は麻布十番温泉であった。

今はなくなってしまったが、ビル三階

の同温泉には本格的な宴会場もあり、ここで第一回から四回までのテレビチャンピオン出場者が顔を合わせたのは、圧巻の光景であった。

そして、その宴会の席で野口悦男氏から「温泉達人会」を立ち上げることが提案され、満場一致の拍手で会は結成された。

おわりに

ここまで書いてみて、最初は意気込んでみたものの、内容的には体験談の羅列に終わってしまったのは、残念であった。しかしながら、私と温泉とのつながりや、節目節目の情景を思い返すことができたのは良かった。

ただ、やはりこの会報には、八年前から紹介している「子連れ温泉」を書きたかった。それは、子どもの一年一年の成長の記録でもあり、その歳でしかできない経験や感動があるからにほかならない。

願わくば、来年の会報一五号では、今年の分も上乗せした体験をさせてあげ、それらを紹介できれば…と思う。

ちなみに、来年の行先はもう決まっており、山形県としている。その理由は、また来年の会報でご紹介したい。

鈴木哲也（すずきてつや）
小学1年生のときに時刻表の使い方を覚え、中学1年生から、毎月日本交通公社（現ＪＴＢ）時刻表を愛読。一方、小学2年生のときに城崎温泉で外湯巡りをしたのが、温泉好きとなったきっかけ。一湯一泊が主流。１９９６年、ＴＶ東京「テレビチャンピオン第4回全国温泉通選手権」で第3位。自身のウェブサイト「哲×鉄」を、管理人「車掌長」と名乗り運営。所有のＪＴＢ時刻表７４０冊を掲載し、ブログ「車掌長の乗務日誌」も運行中。ぜひご乗車（ご覧）のほど、お願いいたします。
http://www.tetsu-tetsu.net

川原毛大湯滝。1997年8月（29歳）

TVチャンピオンのロケにて

姥湯温泉の露天風呂。1997年8月（29歳）

東北地方と新潟の山と温泉

永野光崇

駒ノ湯温泉・駒ノ湯山荘

【温泉紹介】

新型コロナ禍による外出自粛ムードの中、今年の夏旅は接触を避けつつ新潟県から福島県、そして秋田県から青森県の山と温泉を目指した。

八月の中旬、今回の旅の起点は東京の自宅。近くでレンタカーを借り、関越道をひた走り、最初の目的地である駒ノ湯山荘を目指した。

◇駒ノ湯温泉

（アルカリ性単純温泉）

越後駒ヶ岳の登山口にもなっている森林中の一軒宿。一四年ぶりの訪問となり、今回は連泊しての入湯。以前、立ち寄り湯は内湯であったが、男性（混浴）は露天、女性は内湯となっていた。宿泊客は、立ち寄り客も入れる浴槽のほか、川沿いの露天風呂や男女別の内湯、二種類の貸切風呂に入ることができた。源泉が三三度であるため、沸かし湯と交互に入るのがこの温泉の特徴で、繰り返し湯に浸かっているうちに体がリラックスしてくる。最近は外出もままならない状況であり、半年ぶりの外泊に、緊張感がほつれるとともに、新鮮さを感じることができた。また、伝統的な朱塗りの漆器が美しい食事も地の食材を使っており、とても美味しかった。

翌日は、早起きをして岩場が続く荒沢岳に登頂し、近くにある銀山平温泉で汗を流した。

◇銀山平温泉 白銀の湯
（アルカリ性単純温泉）

銀山平森林公園内にある公営の温泉施設。温泉は内湯と露天風呂があり、小さな露天風呂の方は掛け流しとなっていた。透明な優しい湯が登山の疲れを癒してくれた。この温泉の近くには荒沢岳の登山口がある。登山口から一〇〇メートルくらい平坦な道を歩くと美味しい水を入手できる水場があり、銀山平温泉を訪問する際の水分補給には絶好のポイントとなろう。

越後浦佐温泉・旅館てじまや

銀山平温泉を後にして、駒ノ湯山荘まで戻り、宿の方にお薦めの温泉を伺うと、浦佐温泉を紹介していただき、早速訪問した。

◇越後浦佐温泉 旅館てじまや
（ナトリウム・カルシウム－塩化物・硫酸塩温泉）

浦佐駅から徒歩圏内にある温泉旅館。亜麻色に濁った極上の温泉が掛け流しとなっていた。特に露天風呂はぬるめになっていて、時間の経つのを忘れてしまうほどの良さであった。登山やスキーで近隣を訪問した際には必湯の場所ができたのが何よりであった。

翌日は、駒ノ湯山荘で朝風呂に浸かり、銀山湖周辺のワインディングロードを経て尾瀬御池を目指した。尾瀬御池でバスに乗り換え沼山峠から尾瀬沼をハイキング。長蔵小屋の前の清冽な湧き水が特筆すべき美味しさであった。その後、湿原の美しい尾瀬に後ろ髪を引かれつつ、檜枝岐温泉に向かった。

◇檜枝岐温泉 かぎや旅館
（アルカリ性単純温泉）

檜枝岐村の国道沿いにある「日本秘湯を守る会」会員の木造の素敵な宿であった。温泉は、古代檜を使った浴槽に透明な湯が注がれていた。宿の食事は、名物の裁ちそばやはっとうを含む美味しい郷土料理。南会津のお酒と一緒に味わい、大満足の一夜であった。

◇檜枝岐温泉 駒の湯
（アルカリ性単純温泉）

檜枝岐村にある共同浴場。浴槽は内湯と川に面した露天風呂がある。温泉はほぼ透明な湯が注がれていた。夏場の夕暮れに訪問したが、露天風呂から上がると、都心の酷暑が信じられないくらい涼しかった。

◇檜枝岐温泉 ひうちの湯
（単純硫黄温泉）

檜枝岐村にある共同浴場。内湯と露天風呂があり、硫黄の香りのする甘い源泉が浴槽に注がれていた。温泉街に宿泊していたこともあり、朝一で入湯。スキー客や登山客でいつも賑わっているこの温泉を貸切で楽しむことができたのは何よりもの贅沢であった。

今日は帰宅の日となったが、まずは気になっていた木賊温泉を目指した。

◇木賊温泉 河原の共同浴場
（成分分析表なし）

川沿いにある共同浴場。昨年度、台風で建物が流されたが、温泉だけは入れるようになっているというネット情報を入手し、久々に訪問した。浴場は、浴槽だけとなっていたが、野趣溢れた雰囲気の中、透明で適温の湯が注がれている二つの浴槽に入ることができた。

木賊温泉の河原露天風呂

温泉のすぐ横には清流があり、交互浴も楽しむことができた。

帰路は大きな渋滞もなく帰宅し、上越から会津までの温泉旅が終わった。

翌週は、秋田県と青森県の山と温泉を目指した。関東からは、空路で秋田空港まで行き、そこから車で移動した。初日は移動日でもあったので、腹ごしらえをすべく、秋田市内の名店、チャイナタウンを訪問し、名物味噌ちゃんぽんを食べたが、東京の蒙古タンメンのような中毒性のある美味しさで、翌日も訪問したくなるほどであった。お腹も満たされたことから、最初の宿泊地である秋田温泉を目指した。

◇秋田温泉　秋田プラザ
（塩化物泉）

秋田市郊外にある温泉施設。内湯は、あつ湯とぬる湯があり、秋田杉でできた露天風呂もある。湯は塩分を含んだ透明の湯が注がれていた。宿泊で利用したが、売店やバーでは、地元の食材をふんだんに利用した魅力的なお惣菜パックが売っているのが印象的であった。

翌日は、秋田市のシンボルでもある太平山に登頂し、登山の汗を流すため、貝の沢温泉へと移動した。

◇貝の沢温泉　龍泉閣
（ナトリウム－塩化物泉）

太平山の麓にある、温泉旅館。内湯と立派な木造の構築物に囲われた露天風呂がある。温泉は塩分を含んだ、ぬるぬるした湯が掛け流しとなっていた。

温泉を後にして、秋田市内まで戻り、辛みとシンプルな醤油味が特徴の仲江戸でラーメンを食べ、秋田自動車道を北上し、本日の宿泊地である白神温泉を目指した。白神温泉の到着が早かったことから、黄金崎不老ふ死温泉、みちのく温泉、静観荘を立ち寄るも時間などの都合で入湯できず、白神温泉まで引き返した。

◇白神温泉　龍泉閣
（低調性・アルカリ性・冷鉱泉）

白神山地の日本海沿い秋田側にあるホテル。温泉は、源泉温度が低いため鉱泉であったが、こちらもぬるぬるした湯が一部放流循環となっていた。食事は、地元の名産であるあわびの陶板焼きが美味しかった。

翌日は、我が国で最初に世界自然遺産に登録された、白神山地の最高峰である白神岳に登頂した。山頂付近の稜線まで登ると西側の眼下には美しい日本海の海岸線を望み、東側は美しいブナの森に覆われた白神山地の嶺々と、遠方に岩木山や八甲田の山々を楽しむことができた。下山後は、汗を流すため能代市と八郎潟の間にある、森岳温泉を目指した。

貝の沢温泉の露天風呂

◇森岳温泉　ホテル森岳

（ナトリウム・カルシウム－塩化物温泉）

森岳温泉郷は、以前は多くの旅館が建ち並んでいたとのことであるが、現在営業しているのは数軒となってしまい、少し寂しい温泉街であった。その中にあって、こちらのホテルは立派で、何よりも温泉の素晴らしさに意外性を感じた。温泉は源泉が六〇度近くあって、豊富な湯量を誇るため熱めであったが、塩分を含んだ湯が体に染み渡るようであった。次回は是非とも宿泊して、この素晴らしい湯を堪能してみたい。

森岳温泉・森岳温泉ホテル

森岳温泉を後にして、本日の最終目的地である角館温泉を目指した。

◇角館温泉　ねこの鈴

（カルシウム・ナトリウム－塩化物・硫酸塩温泉）

古い武家屋敷の残る角館の街なかにある温泉旅館。元々は日帰り温泉施設だったところに、民宿のような部屋を追加した造りとなっており、温泉は塩分を含む熱めの湯が掛け流しになっていた。大きな浴槽中央付近には水風呂があり、ここでも交互浴を楽しむことができた。隣にある居酒屋・土間人は同経営で、秋田の郷土料理や地酒を楽しめる。

最終日は、早朝から奥羽山脈の最奥にある和賀岳に登頂。蚊とアブの波状攻撃やヤブに覆われた急登、最初のピークから山頂までの四キロメートルにわたる刈り払いのされていない縦走路など、玄人好みの山であった。

下山後、最後の温泉を楽しむべく乳頭温泉郷を目指した。

◇乳頭温泉郷　休暇村乳頭温泉郷

（ナトリウム・炭酸水素塩泉／単純硫黄泉）

乳頭温泉郷の入り口にある公営宿泊施設。温泉は内湯は少し茶色に濁った乳頭温泉と、白濁した田沢湖高原温泉の双方を楽しむことができた。露天風呂は白濁した温泉であるが、八月半ばに訪問したこともあってアブが五月蠅かった。

◇乳頭温泉郷　大釜温泉

（含鉄－単純酸性泉）

廃校となった小学校の校舎を移築した趣のある建物が、乳頭温泉郷の人気を感じさせてくれた。温泉は共同浴場のような内湯と、雰囲気は良いが激熱の露天風呂があった。薄いエメラルドグリーンの湯で、入ると熱さもあってじわっと体に染みる湯であった。

乳頭温泉郷での入浴を終え、秋田空港に向かい今年の夏旅は終わりを告げた。二週間にわたって温泉を巡ったが、どこを訪問しても人影は少なく寂しさを感じる反面、人目を気にせずのんびりと湯に浸かることで、気持ちをリフレッシュすることができたのは、何よりの収穫であった。

乳頭温泉郷・大釜温泉

非日常下の旅の愉しみ

金子真人

二〇二〇年四月に政府が発令した新型コロナウイルス感染防止を目的とした緊急事態宣言は、この年の五月上旬の連休の過ごし方にも大きな影響を与えた。

日本中がＳＴＡＹ ＨＯＭＥ一色になり、あらゆる施設や店舗が営業自粛を継続し、街に人がいない状態が続いていた。

自分にとって、ずっと家にいるからこそできることはなんだろうか。それを見つけてみよう。考え続けたが結局、何も浮かばず、止むなく例年通りどこかへ出かけることにした。

用意周到で出発

近場に妻とだけで出かけて、旅行中は極力誰にも会わない。食事は外食を避けスーパー、コンビニでさっと調達する。

群馬県には昭和の名残ともいえる、麺類やトーストの自販機（いわゆるレトロ自販機）を置いたオートレストランが点在しているので、人と接触せずに食事ができる機会が多く取れそうだ。

旅館はもちろんキャンプ場も予約を受け付けていないので、宿泊は車中泊を基本とし、天候が悪くなったら街に戻って、ビジネスホテルに飛び込むことにしよう。

車中泊の場所には道の駅を敢えて使わないことにした。いわゆる自粛警察の出没を考慮したのだ。誰も来ない公園の広い駐車場など、どこか見つかるだろう。ただしそんな場所への熊や自粛警察出没への警戒・対策も行った。

温泉施設も、どこもかしこも休業のため、いつものような湯巡り候補がない。そのため、予め各地域の銭湯の営業状況を確認しておいた。野湯もどこか行きたいが、ある種のリスクを伴うため熟考の末、これまでに十数回行ったことのある奥鬼怒湯沢の広河原の湯だけとした。

観光もいろいろ計画したいが、やはりあらゆる施設が休業中なので、自ずと自由に立ち入って見て回るスポットだけがピックアップされる。メジャーな旅行雑誌ではなく、ぐんま観光宣言推進協議会が発行している各種パンフレットを、旅行前にアンテナショップで入手しておき、今回これがとても役に立った。

県境を越えての移動自粛が叫ばれている最中ではあるが、住所のある埼玉県だけを周遊するのはあまりに物足りないため、既述のとおり群馬県も加え、栃木と長野へも少し飛び出してみることにした。

スペアのマスクを十数枚、体温計、うがい薬、キッチンハイターを四〇倍に薄めた次亜塩素酸ナトリウム溶液、さらに、それを塗るための刷毛、健康保険証とお薬手帳。思い付く限りの対策品を持参することにした。手袋はかえって不衛生になりがちなので、使わないことにした。

自販機レストランで昭和飯

旅行初日、もう十分に明るくなっての出発だが、朝食は摂らずにハンドルを握った。先ずは国道一七号を北上して上尾を目指す。連休初日の朝だが目立った渋滞もなく順調な滑り出しである。

　小一時間で国道沿いにある「オートパーラーAGEO」に到着。黄色の外壁がとても目立っている。中に入ると「うどん そば」と中央に書かれた往年の自販機が迎えてくれた。

　お金を入れて「天ぷらうどん」のボタンを押すと、オレンジ色のニキシー管がカウントダウンを始め、わくわく感がMAXに達する。強度に不安を感じさせるアイボリー色の器を取出口から取り出すと、そこにはやや控えめな量の天ぷらと、うどん一玉が温かいだしに浸されていた。

オートパーラー AGEO の天ぷらうどん

　近くにトーストサンドの自販機もあった。こちらはトーストとコーヒーの美味しそうな写真のパネルがあり、内側の光源で煌々と表示されている。パセリの量がやけにたっぷりなのが笑える。

　コンビーフトーストを選んで、「トースト中」の赤いランプが消えるのを待つ。取出口の奥の、銀紙で包まれた四角いものを取ろうとするが、これが実に熱い。なんとか道具に頼らず取り出し銀紙を剥くと、きつね色にトーストされたパンが登場。その中には薄くスライスしたコンビーフが。

　麺、パンともに懐かしい味を堪能させてもらった。アイボリーの器は使い捨てではないので所定の場所に下げて、奥にあるゲームマシンを一回り見てここを後にした。

　次は栗橋にある、「オートパーラーまんぷく」へ。うどんとトーストは妻とシェアしたので、決してまだ物足りているわけではないのだ。

　ここでも、うどん・そばの自販機と対面。先ほどの二五〇円より安い二〇〇円というのが魅力。今度はそばを選んだ。例によってアイボリーの器を取り出してちょっとがっかり。天ぷらも麺も先ほどの半分ほどという控えめさだった。だしはこちらのほうが美味しい気もする。この店はコインランドリーを併設していた。

　「道の駅きたかわべ」にやってきた。付近にある三県境のすぐそばまで車で行けるはずなのだが、アプローチが畦道でナビも混乱し、ここから歩いて向かうことにした。国内には多くの三県の県境があるが、人が簡単に立ち入ることができるのはここ（埼玉・群馬・栃木）三県の県境だけという。渡良瀬川が蛇行していた時代に取り決めた県境が、現在は川の中ではなくなったのがその理由だ。

　狭い用水路がY字に交わり、その周りを囲む各県の小さいエリアを、踏んだり歩いたりして県を跨いでの往来を楽しめるようになっている。手作りの案内板やカメラを置く台、「三歩で三県周遊記念」と書かれた用紙に記念のスタンプを押して、少しここを楽しんだ。

三県境

太田市内にある「オレンジハット沖之郷」に到着。ここには、うどん・そばの自販機とラーメン・うどんの自販機が並んでいた。

ラーメンに気持ちがひかれつつも、ハンバーガー自販機の「コンボ」なる商品に興味をそそられ、加熱中ランプが消えるのを待った。茶色の箱、そして白いクッキングペーパーから出てきたのは、一時間以上お湯に入った後の指のように、ふやけたバンズだった。見た目はこんな様子だが、ピリ辛のうまさと充分厚みのあるハムに満足できた。辛い物ついでにピリ辛トーストにも手を出してみた。こちらは粒入りマスタードが辛めにアレンジしてあり、とても美味かった。

次の「オレンジハット藪塚店」は、緊急事態宣言期間は休業だった。ここまで、お湯に浸かったシーンが皆無である。桐生で食料の買出しをし、大間々にある銭湯「千代の湯」へ向かった。

ようやく温泉へ

千代の湯の煙突はすぐに見つかったのだが、激渋な木造の建屋までの道のりは複雑だった。暖簾をくぐると番台の女性が笑顔で向かい入れてくれ、久しぶりに人の温かさにふれた気がした。白いタイルが基調で、壁の上半分と天井は空色に塗られている。赤い花を思わせるエキセントリックな絵に見守られて、本日唯一の湯を楽しんだ。

ここから川俣温泉へ向かうため国道一二二号を北上し、途中にある「丸美屋」に立ち寄るも後日再訪の計画なので、自販機の存在を確認し素通り。いろは坂を登り中禅寺湖を通過し、山王林道に入ってしばらく進むと、前方に行く手を阻む通行止めの看板を発見。ここから川俣の噴泉橋までの約二〇キロメートルが期間未定で通行止めだという。

ナビにルート設定し直すと、距離は七〇キロメートル以上に跳ね上がり、到着予定は二〇時を過ぎてしまった。

ドライブ初日に旧栗山村の真っ暗な県道を走るのは嫌だなと思いながら走っていると、やや広めの駐車スペースが現れた。七〇キロメートルの移動は翌朝とし、今晩はここにお世話になることにした。

翌朝、毎度の場所に車を止めて、広河原の湯に向けて九時半に出発。昨年の台風の影響で倒木が実に多い。跨って越えたり這いつくばってすり抜けたりしていると、体力も時間も消費してしまう。途中、山道が大きく陥没している箇所が現れた。落ちたら結構な斜面を滑落することになる。高巻いた跡もないので、恐怖感と戦いながら、慎重にここをクリアした。

途中、二人連れの男性一組とすれ違った。普段であればこんな場所での遭遇なので、挨拶だけでなく会話もするのだが、この状況下なので、お互い笑顔の挨拶だ

オレンジハット沖之郷のレトロ自販機

千代の湯

広河原の湯

けした。

もう何回も訪れているこの道は倒木だらけで、いつもの形相と明らかに異なっていた。橋は全て流されており、ルートが木で遮られ、薮漕ぎを強いられ、リボンが見つからず不安になる。噴泉塔から先は、もともと荒れた道なので壊滅的なことになっているだろう。

午後一時にようやく到着。メインの湯だまりにモスグリーンのドカシーがあてがわれていた。

テントが一張りあり、ザックにパッキングしている先客の男性一人がいた。挨拶の後の会話は弾まなかった。間もなく帰りそうな雰囲気だったので、我々は先にテントは立てず昼食をとり、湯船に近づいて行った。

ずっと見ていたわけではないが、テントは最後にパッキングした模様だ。ちょっと形の悪い二〇キログラム近くありそうなザックをひょいと背負うと、ドカシーの始末を頼むと言って男性は去って行った。

一番いい場所にテントを張ってから、何も手入れすることなく極上のお湯に飛び込んだ。やや白濁気味で硫黄臭ほのかに漂う極上のお湯だ。広さ深さともに十分であり、シートの底に堆積物がなく、スカイブルーのドカシーと比べてぐっと落ち着いた感じがよかった。二つ目、三つ目の湯だまりは今回なかった。ここは来るたびいつも感動できる温泉である。

広河原の湯から先の噴泉塔までの道のりは、怪我や事故のリスクがさらに高まると考えて今回は見送った。

一息入れてから、空の大型ザックを背負って、水汲みと薪拾いに出かけた。二〇分ほどのところで沢水を調達。薪は台風の影響がまだ色濃く残っていたので存分に取れた。

日が暮れる前にまた湯に浸かり、夕飯の準備をしていると、山肌を数匹の猿が行き来するようになった。次第にこちらに近づいてきて、とうとう頭上四、五メートルの枝で木の実の食事を始めた。幸いたまに食べかすが落ちてくるだけで、被害はなかった。

酒をちびちびやりながらの焚火は本当に楽しい。テレビのない静かな空間・酒・めらめら燃える炎、この三位一体の酔い心地で時間はとうとうと過ぎて行き、先にテントに潜り込んだのは私だった。妻はその後せっせと焚火を楽しんだのだろう。あんなにあった薪は、翌朝きれいになくなっていた。

温泉のち、再び自販機ワールド

道の様子が大きく変わっていたため、帰路にもかかわらず進路の取り直しを何度か繰り返しながら、大陥没地帯を無事乗り越えて戻ってきた。この後、川俣運動公園の様子を確認し、さらに昨年の野湯会で一泊お世話になった川俣ダム付近の広場に立ち寄ったが、こちらは感染症拡大防止のため閉鎖されていた。

四季の湯

予定通り山王林道経由であれば通らないルート上に、営業している黒部温泉「四季の湯」を昨日見つけていたので、今日はそれを目指して、川治温泉方面へ向かう。はたして「四季の湯」は今日も営業していた。

ピンクの暖簾をくぐり、休憩処の真ん中を進み、一般家庭のような廊下の先に赤と紺の暖簾のドアを開ける。内湯はなく、一〇人程度の大きさの楕円の露天風呂が男女二つずつあり、カランも外にある。先客五、六人で賑わっていた。

アルカリ性単純温泉の掛け流しの湯に四〇分ほど癒されて、疲れを取ることができた。

時刻は午後三時。このあと八〇～九〇キロメートルの移動後、日が暮れる前に適当な場所が見つからないと、一昨日のようなビバークになる。この日はリスクを避けたい気持ちが強かったため、川治温泉で揚げ物など夕飯の補充を済ませて、再び川俣にある運動公園に戻ってきた。ここには温泉はなく焚火もできないので、今晩は時間を大いに持て余した。

来た道を戻って、三日前に素通り同然だった丸美屋に着いた。こんな僻地ながら先日は数組のお客で活気があったこの店も、朝八時半という時間帯ではさすがに閑散としていた。チャーシューラーメンを凌ぐ人気の唐揚げラーメン（三〇〇円）と、天ぷらうどん（二五〇円）を購入。二つの唐揚げに羽交い絞めされるような配置で、ウズラの卵も浮いていた。

天ぷらうどんには大当たり（えび天入り）と中当たり（さつまいも天、かぼちゃ天入り）があるようだが、残念ながら自分のは当たりではなかった。食べている最中にひも川うどん（二五〇円）も欲しくなり追加で購入。トッピングの揚げとワカメといんげんは器の底に沈んでいた。これらは唐揚げたちよりも軽いから、調理の際に熱湯シャワー後の脱水で飛ばされてしまうのを考慮したのだろう。

満腹になったので、赤城南麓にある参道松並木に向かった。ちょうどこの時期に、松の根元にヤマツツジの花が拝められる。ピンク色（フラミンゴの色）の可憐な花を楽しめるのは、わずか十日から二週間程度だという。密集せずお金もかからないこのスポットを目的に、一眼レフを下げた旅行者が何人かいた。

国道三五三号をしばらく走ると、「オレンジ353自動販売」の看板が現れた。お腹は満たされているので、レトロ自販機の確認だけのつもりで入店すると、貴重な光景に出くわした。うどん・そばの自販機前にあるテーブルに黄色いケースが置かれている。ケースには中身の入ったあのアイボリーの器が並んでおり、係員が自販機の前扉を開けてそれをセットし始めた。装填が終わると自販機内部のスイッチ操作を行い、割り箸を補充して去って行った。今お金を入れれば作りたての麺を食べられそうだが、お腹がそれを拒否してきた。

丸美屋のひも川うどん

赤城松並木

オレンジ 353

休業の温泉を確認

群馬県内のお気に入りの温泉が今どうなっているのか確認するため、まず四万温泉に向かった。案の定「河原の湯共同浴場」のドアには休業のお知らせが貼ってあり、閉鎖されていた。付近の宿や店舗も休業だが、それでも様子見の観光客がちらほらおり、四万川の河原でボール遊びをしている家族もいた。天気も良いので、河原を見下ろしながら先ほど「道の駅おのこ」で買っておいた筍ご飯、鳥の唐揚げ、とんかつ、チャーシュー丼をいただくことにした。

食後は奥四万湖の北にある湯の泉へ。林道を歩き始めてすぐの場所に、真新しい猪の罠が設置されており、びっくりした。四万の町に出没しないよう、ここで食い止める作戦なのか。蓋は閉まっていて中は空なので、捕まえ損ねたのだろう。

大きな岩に人工的に開けられた小さな穴から、公園の水飲み場の水のように、温泉が垂直に飛び出しているのが魅力の湯の泉だが、今日はその勢いが弱く、またホースや子ども用プールも準備していなかったので、見るだけにしておいた。

尻焼温泉への途中の暮坂峠で、未舗装の大きな駐車場を発見。立派なトイレもある。今晩泊まる場所として良さそうだが、風の影響がとても大きそうである。

温泉仲間のSNS情報で尻焼温泉の河原の露天風呂は立ち入り禁止とわかっていたが、それでも実際に確認したくて来てしまった。

橋の手前の広い駐車場入り口には、紅白で塗られた遮断機が下り、黄色の規制線が貼られるという念の入れようだ。川

へ下りる階段には、赤いコーンにトラポールが固定され、さらにトラロープが何重にも張り巡らされており、普段自由に出入りできるこの川の温泉に、絶対に入らせまいという強い意思が感じられた。

　こんな張り紙もあった。「四月二四日から当面の間閉鎖させていただきます。温泉権利者」。

　温泉権利者とは、随分具体性に欠ける気がする。複雑な事情があるのだろうか。

　国道四〇五号を北に向かって、いくつものヘアピンカーブを通過して野反湖に着いた。キャンプ場は休業だろうが、ほかにどこか良い場所はないかと期待したのだが、車を降りた直後その寒さに愕然とした。草地には残雪があり湖面の一部は凍結していた。野反湖はまだ冬だった。

　道の駅六合を過ぎて間もなく川の反対側にグラウンドを発見。橋を渡ると中学校と町営のグラウンドと空き地が広がっていた。連休中とはいえ人気はまったくなく、日が完全に落ちるのを待っていると、やがて誰もいない暗黒の世界となった。寒さ対策が要らないこの場所で今晩はお世話になることにした。


尻焼温泉・河原の露天風呂の入り口封鎖（6月に解除）

草津から富岡へ

　翌朝は草津へ向かった。ここも尻焼と同様ダメを承知で現況の確認が目的だ。事前調査で、「大滝乃湯」「西の河原露天風呂」「御座之湯」の三カ所が閉鎖との情報を仕入れていた。ほかは一体どうなっているのか。まず湯畑から最も離れてひっそりと存在している「こぶしの湯」に期待を寄せて臨んでみたが、見事な玉砕となった。

　入り口手前の壁に、新聞紙一ページほどの大きさの白い張り紙があり、紙には達筆な筆文字がはみ出さんばかりの勢いでこう書いてあった。

「コロナウイルス感染対策のため町外者は入浴できません」

　繰り返しになるが、新聞紙一ページほどの大きさに書かれたメッセージである。「すいません、気付きませんでした」と言わせない、草津町の町民を守る強い真剣さが感じられた。

　次いで確認した三、四カ所の共同湯も、張り紙の大小こそあれ、同じような状況だった。

　せっかくなので、湯畑も見ておきたい。なんとあの湯畑に人の姿は僅か三、四人しかなく、その光景に唖然としていると、目の前の「白旗の湯」から男性二人が出てきた。ここだけ、一般に開放していたのだ。

　浴場では誰にでも話しかけてくる気さくなお兄さんと、とにかく旅行好きと思われるおじさんの会話が弾んでいた。熱いので長居はできないが、ありがたく草津の湯を堪能させてもらった。

　予定通りこの後は、南下して軽井沢へ向かった。軽井沢銀座の商店街を歩く人もほとんどおらず、三、四分歩いて一組とすれ違うイメージだった。店先でマスクを販売している店があり、電気は点いているものの店員の姿はなしの店もあったが、閉まっている店舗は少なかった。お客はいなくてもシャッター街にはしたくないというポリシーなのだろう。

このあと碓氷峠にあるアプトの道を散策するつもりだったが、雨が降り出してきた。しかも、明日朝まで降り続けるという。

富岡にある「大島鉱泉」は、銭湯リストに載っていたため事前に営業が確認できていた温泉である。大雨が降りしきる中、蚊取り線香「金鳥」の懐かしい看板がかかる建物に到着した。受付の風鈴、人形、ぐんまちゃんのタオルが印象的だった。休憩処の胡蝶蘭に気を取られながら浴室へ。

四角い湯船に黄土色っぽいお湯が張ってあり、なんとなく硫黄臭も感じられる。循環の穴が見当たらないので周期的に沸かしているのだろうか。壁全体がピンクのタイルでできており、その壁の一部に富士山と森と川の絵が描いてある。生活上必要な業態という位置づけで営業しているこの温泉（銭湯）は、今回とても貴重な存在だった。

雨が降ったときは無理して外で泊まらないことにしていたので、先ほど軽井沢で予約した高崎駅前のアパホテルへ向かった。ホテルフロントには微妙な緊張感が漂っていたが、それなりに利用客がおり、活気があった。

山歩き、そして碓氷へ

一夜明けて、青空に向けてそびえ立つギザギザ姿の山を拝みながら、駐車場でトレッキングの準備をしていた。天気が回復したので、今日は予定通り妙義山に登るのだ。金洞山や白雲山を経由する、鎖場だらけで毎年滑落者が出る上級者ルートではなく、いわゆる一般登山道を進み、あのギザギザの山を少しでも間近に見てみたいというのが目的だった。

中之獄神社をスタートしてしばらく行くと、ギザギザの山がモコモコした山に見えるポイントがあった。

途中にある東屋は、巨大な岩の落石によって屋根と壁の一部がつぶされており、もうひとつの岩は六人掛けの木製のテーブルを完全に破壊して、その上に居座っていた。ごく最近の出来事で地震などもなかったそうだ。ＳＴＡＹ ＨＯＭＥし

草津こぶしの湯の張り紙

閑散とした軽井沢銀座

大島鉱泉

ていない者への警告だろうか。一七〇段もある鉄の階段を下りてゆくと、また別の東屋が現れ、ここで昼食にした。

楽しみにしていた「本読みの僧」は、背丈二〇〜三〇センチの小さな石像だった。また鉄の登り階段が現れた。息を切らして登っていくとご褒美とばかりに絶景ポイントが現れ、ローソクの様な岩々を堪能した。県道に出たり登山道に戻ったりを繰り返して、中之獄への一回りが完了した。結論としては、山歩きしながらもっと高い山の稜線を眺める機会は少ないことが分かった。

昨日、雨のため散策を諦めた、碓氷峠のアプトの道入り口にやってきた。雑草だらけの階段を登っていくと、やけに間隔を取った相対式ホームがある旧熊ノ平駅に着いた。信越本線が単線だったころの列車すれ違いと、変電設備を持ち合わせた駅である。

碓氷峠の中でここだけが平坦なので駅になったという。古いレール沿いに砂利道のコースが緩い弧を描いて延びており、横川方面に向かっていくと、道は下り調になって五つのトンネルを進んでいく。ずっと先にある鉄道村や峠の湯は営業していないが、このトンネルの照明は点いていてくれた。

有名なメガネ橋の上に出た。当然のことながら自分がメガネ橋の上にいる実感はわかない。眼下には旧一八号がくねくねと走っているが、車がやってくる気配はない。さらに三つトンネルを過ぎると碓氷湖が現れた。妻はここから階段で碓氷湖に下り、私は峠を登り返してアプトの道入り口に止めてある車へ戻って、碓氷湖へ向かうことにした。やはり登ってこそ峠をしっかり実感できた気がした。

この後、昨日に続けて大島鉱泉にお世話になった。我々の連日の訪問に女将は気付いたのか気付いてないのか、マスク越しの表情ではよくわからなかったのだが、こんなご時世なので会話もないままとなった。

この夜は、群馬サファリパーク付近の湖に併設の公園に適所を見つけて一晩過ごした。

開いている温泉を求めて

翌朝、準備していた観光ネタも底を尽きてきたので、情報を求めて上信電鉄の下仁田駅にやってきた。果たしてそれは正解だった。周辺には独特の地形や地下資源が点在しており、それら下仁田ジオパークを紹介している冊子数冊を手に入れた。真夏でも冷風が噴き出して涼しい「世界遺産荒船風穴」に興味をそそられたが、残念ながら休業中ということだった。

青い石畳の美しい青岩公園、蝉の渓谷、不動の滝、宮室の逆転層という変わった地層を見て回った後、付近にある八千代温泉「芹の湯」が営業しているのをwebで見つけ大喜びで入湯。まとわり感たっぷりのぬるぬるの湯が、木製の浴槽にかけ流されている。ここの特徴はシャワー付きカランがある洗い場があり、浴槽があってその奥にも蛇口だけの洗い場のようなスペースがあること。その先は壁と窓だけなので、どこにもつながっていない。不思議な配置だ。

国道沿いに「じいとばあ」という営業中の食事処を見つけた。店内には二、三人の客がおり、マスク姿で食事が出てくるのをじっと待っている状況だった。小上がりの畳の間で私は焼肉定食、妻はチャーシューメンをいただいた。この付近の山に「じいとばあ」という二つの岩があり、それにちなんだ店名であることは容易に想像できた。お土産のコーナーも広く、地元産と思われる蒟蒻やゼリーや葱などが陳列されていた。

　どうやら少しだけ世の中が通常に近づいてきた気配を感じたので、webで前橋の「天神の湯」がオープンしているのを確認して向かった。広い露天エリアに人はまばらで、大浴槽、打たせ湯、源泉槽などなかなか充実しており、ずっと源泉槽に入っていた。この後、買出しをして少し彷徨ってから、この日も無事に鳴沢湖周辺に適地を見つけることができた。

　普段は遺跡など歴史関連には興味がないが、こういう機会なので高崎の古墳見学も計画していた。

　上越新幹線と北陸新幹線との分岐近くに、保渡田古墳群はある。どこでも自由に歩き回れるわけではないが、前方後円墳に登って歩き回れるようになっており、その一段高いところから周りの山々を見渡すことができる。レンガ色の身長三〇～四〇センチの人形が集合しているエリアもあり、なかなか楽しい。

　散歩のお蔭で急に腹が減ってきたのだが、古墳のすぐ近くにあるオートレストラン「オレンジハット コルソ」は休業中。国道一七号に出るとファーストフードが点在し、急ににぎやかな雰囲気になった。妻がすき家でいいと言ってきたので、さば朝定と粗挽きソーヤージを注文した。昨日の「じいとばあ」で食べた焼肉定食と単純に比較することはできないが、とても美味く感じた。

　毎年五月上旬に盛大な鯉のぼりが上がるという、吉岡町役場付近まで行ったのだが、今回は上がっておらず付近をジョ

芹の湯内湯

じいとばあ土産コーナー

天神の湯

シャンゴの料理

ギングする人を見て終わった。再び南下する途中の「群馬温泉やすらぎの湯」に立ち寄った。露天あり内湯に足湯あり、四五度の熱めの浴槽もあったりと特徴はあるものの、ここはどちらかというと休憩する施設に力を入れている感じがした。

旅は終わり、また続く

イタリアンレストランの経営を父親から受け継いだ人の苦労話が、カーラジオから流れてきた。甘辛いミートソースとカツがトッピングのスパゲティの定番メニューを、自身の海外修業の経験を活かして改良してみたが、なぜかさっぱり客足が遠のいてしまったという。

「あれは茹で置きの麺でないとダメなんだ」との父親の言葉に渋々従うと、元の人気商品に戻ったという。

話し手は「イタリアンレストラン・シャンゴ」本店の店長だった。妻はシャンゴが高崎近辺に展開している店であることは知っていた。

その一時間後、伊勢佐木町店のテーブルに定番「シャンゴ風」と、ピリ辛トマト風味の「ベスビオ」が運ばれてきた。間違えて大きなサイズを頼んでしまったようだ。二種類の味を妻とシェアして超大盛りパスタを平らげた。かくして、この後のオートレストランは全て見学だけになった。

伊勢崎と本庄の中間にある「自販機食堂」は住宅と一体化したこぢんまりした店舗で、自販機にイラスト付きの説明が貼ってあり、無人の味気なさをカバーしていた。「オレンジハット毛呂」の自販機にも、商品説明の紙があった。「阿久津ベンディング」は、自販機不具合がたまに起こることのお詫び文書だった。「オレンジハットピットイン77」も見学。

気が付けば、初日の三県境の次に寄った、オレンジハット沖之郷のすぐそばに来ていた。

西小泉駅付近の雑然とした店舗を見た後、行田の「鉄剣タロー」へ。レトロ自販機マニアの間で人気の高い店舗だが、残念ながら休業中の張り紙を見ることになった。

この旅行をこれで終了にしては不完全燃焼なので、埼玉県内で最も気に入っている「百観音温泉」の営業状況を見てみた。すると営業中ではないか。少し寄り道になるが、東に移動して温泉に到着した。

埼玉であることを感じさせない、この濁り具合と炭酸、体にガツンとくる塩分がたまらない。日が暮れて益々いい雰囲気になってきた。空いているのもうれしい限りだ。少し塩素臭を感じたが、この時期だけに慎重になっているのかもしれない。

かつて経験したことのない環境下の旅行が終わった。不便なことや不本意なことも多くあったが、混雑・渋滞・行列とは無縁の周遊ができた。自由気ままだが、想定通り人との接点が極めて少ない寂しい旅であったとも思う。

「来年も桜は咲きます」「今は家にいましょう」「皆さんの心がけ次第です」

来年の春になってもまだこんなメッセージが飛び交っていないとも限らない。ＧｏＴｏトラベルキャンペーンの積極活用などで、皆が正しい「新しい旅の楽しみ方」を身に付けるようにしたい。そうしないと旅行から別の趣味に突き進む人がどんどん増えて、旅行人口が減ってしまうかもしれないから。

座談会

新型コロナ禍の今、温泉どうしてますか？

坂口裕之／柴田克哉／鹿野義治／長尾祐美

リモート収録の様子：長尾祐美（左上）／坂口裕之（右上）／鹿野義治（左下）／柴田克哉（右下）

令和二年夏。いつもと違う「特別な夏」ｂｙ小池百合子東京都知事。人類の未曽有の経験「新型コロナウイルス」騒動は、いまだ収まる気配がないまま、温泉達人会会報の原稿をしたためることに。

桜の季節、山温泉の季節、膝を突き合わせて語ることも湯に浸かる機会もすべて奪われた、「温泉達人会」同期組（※）。切ないけれども今年の座談会形式の合作レポートはこんな形でお届けします。

※二〇一七年入会「温泉達人会」同期組＝**坂**：坂口裕之、**柴**：柴田克哉、**鹿**：鹿野義治、**長**：長尾祐美

長：昨年に引き続き、同期四名での座談会をはじめたいと思います。このご時世なので、本日はそれぞれのご自宅からリモート（ｗｅｂ）にて…よろしくお願いします。

お題は「新型コロナ禍の今、温泉どうしてますか？」…皆さん最近、温泉行けてます？

坂：（キレ気味に）全然行けてませんよ!!（一同、苦笑）まぁ、行けてる方もいらっしゃるみたいですけど（笑）。

柴：全然行ってなかったけどここ一カ月くらいチョロチョロ行ってるね。

長：チョロチョロ（笑）。私も一カ月に一回は温泉に行こうって決めて十数年だけど、四月は行けてない。五月は唯一、上野の鴎外荘に泊まりで。東京都民は都外に出て行くのが駄目だったから、都内だったらいいでしょうっていうことで行ったくらいかな。

鹿：自分は、地元（千葉）の温泉をチョロっと。達人会会報の自由原稿を書かなくちゃいけないので、それもあって。

長：千葉って割と温泉豊富だよね、何カ所ぐらいまわったの？

鹿：それほど行けてなくて、今のところ四〜五湯くらいかな。

長：このメンバーのなかで一

番、温泉ありそうな新潟の坂口さんは、行けてないの？

坂：うーん、あんまり行ってないね。コロナもそうだけど、仕事も忙しいし、お腹も痛いし。

一同：お腹も痛い（笑）。

坂：でも月に二〜三湯は入ってるんじゃないかな、最低でも。

長：やっぱりそんな回数だよね、普通の温泉好きのレベルになってる（笑）。でもさ、地方の温泉施設では「首都圏の方お断り」とかまだ書いてあったりするんだよね（二〇二〇年八月時点）。

柴：あ〜。

（…皆で、あの温泉地がどーの、この温泉地がどーの、と情報交換が続く…）

長：でも千葉はさぁ、東京と一蓮托生だから「東京都民お断り」なんて貼ってないでしょう？

鹿：そんな紙を貼ってるところは見かけたことがないね。

長：だよね。でも（関東四都県以外は）しょうがないよね。柴田さん、鹿野さんは山登りついでに温泉行ったりされてる感じ？

鹿：そうね。けど山登りは七月に行ったくらいかな、柴田さんと！

柴：一緒に行ったあれくらいか！

長：「焼肉あおぞら」の写真送ってくれたあの時？（笑）「あおぞら」いいよね〜！

坂：山登ったあとに「焼肉あおぞら」に行ったの？

鹿：そう沼田ICの近くのところ。

長：たまたま柴田さんに連絡したら、鹿野さんと一緒の写真を送ってきてくれたのが「焼肉あおぞら」だった。

柴：そうだったね。焼肉自体久しぶりだったから。

長：いいなー「あおぞら」行きたいなー。今、行きたい焼肉店だよ、本当に（笑）。

柴：本当に自粛ガチガチのときは温泉行けてない。だから宅配の温泉を頼んでね。

長：「山芳園」（@西伊豆桜田温泉）のかな？ お宿でそういう通販始めたとこ結構多いよね。

坂：家には「山芳園」の飲む温泉水は飾ってあるけど、それを浴びようとは思わないけどね（笑）。

（注：ペットボトルの桜田温泉水は現在発売していません…）

長：まあね、自粛中はしょうがない。私も「山芳園」からでっかいダンボールのカートンで送ってもらったよ。

柴：どこだっけ、東京のうぐいす色のところ…。

坂：「マエ」、なんだっけ、「マエ？」「マエ？」…。

鹿：前野原温泉さやの湯処。

柴：あそこも自粛中、休業してる間は源泉売ってて持ち帰りできたらしい。

毎年恒例だった夏の「山温泉」

長：…そういえば今年はみんなで山、行けませんでしたね。

（注：ここ数年、高天原、阿曽原、仙人など過酷な山道を歩いてしか行けない秘湯に夏登山していた）

柴：ちょっと大人数で登るのは、さすがに厳しいですね。

一同：（同感）。

鹿：達人会で開催予定だった式根島のツアーも中止になったし。

坂：泳いでいくやつ。

長：それは来年の宿題で、来年まで各自水泳と基礎体力をつけないといけないんでしょ？

坂：泳げるようにしておかないとだめだよ。
柴：無理だ!!
坂：いやいや、だって泳いで行かないとたどり着けないんだよ。
柴・長：流されるぅ〜。
坂：浮き輪持っていけば大丈夫だよ！
柴：山は好きだけど、海は嫌いだ!!
長：そうだっけ？　柴田さん泳がない人？
柴：泳げない（キッパリ）。
長：泳げない人。あぁ…（笑）。そうね、泳いでしか行けない温泉はちょっと怖いなぁ！　歩いてしか行けない温泉の方がまだハードル低いかも。
鹿：地に足が着いてるからね。
柴：（式根島に）行ったときは、皆さんを港から見守りますよ。
坂：いやいや、みんな行かなきゃダメ。私も苦手な山に登ったんだし。
一同：（笑）。
鹿：確かに。
長：そうね。今年も暑い夏が来たっていうのに山温泉に行けないって、なんかちょっと物寂しい気がするなぁ。
柴：山の上は、めちゃくちゃ涼しいですよ。
坂：全然お部屋の中が快適すぎて、山へ行きたいとも思わないんだけど（笑）。
柴：明け方とか涼しいぐらいだし。そこで冷鉱泉の源泉と沸かし湯との交互浴に浸かって。
長：どこに行かれたんでしたっけ？
柴：数日前は蓼科の方に。
坂：蓼科の渋御殿湯に行ってたよね？
柴：そうそう。
坂：渋御殿湯、まだ行ったことないんだよ。
長：渋御殿湯〜、最高!!
柴：三〇度ちょっとの足元湧出が男湯だけにあるんですけど。
長：あ、それね。（…ちょっとオフレコあり）
柴：あれは、女性は可哀想っていうか、ちょっとひどい！
長：女性の方はつまんない感じの浴槽で、お湯は男性の足元自噴の湯舟から流れて来るものしかない。
柴：廃湯が流れてる（笑）。

渋御殿湯の足元湧出泉

長：季節柄、ぬるいお湯の温泉、ほかにあります？
柴：唐沢鉱泉は山小屋みたいな感じなんだけど、しっかりした旅館。あそこも「日本秘湯を守る会」。長尾さんも行ってるかな？
長：多分行ってない、山梨県？　長野県？
柴：長野ですね。
長：長野ですか。行ってないなぁ。いいなー行きたいなー。
柴：あそこは歩かないで車で

唐沢鉱泉

行ける。横付けもできる。そこなら坂口さんも歩かないで行ける（笑）。

坂：それは最高だね！

長：ペットボトルを崖下に落とすこともないね（笑）。

柴：ちょっとボコボコのダートを走るけど。

柴：そこはね、源泉温度は一〇度ぐらい。それを沸かしているけどちょっとぬるめ。

長：いいなぁ～、最高にいいなあ!!

柴：下界に下りてきたらいきなり気温四〇度だったけど！

坂：寒暖の差が激しすぎるね。

柴：本当に倒れるとこだった。

長：近々また山温泉は行くんですか？　飯出隊長（※達人会代表）と一緒に。

柴：隊長はね、ちょっと一休み。この八月中は行かないんじゃないかな。九月の連休あたりにもしかしたら急にお誘いがあるかもしれない。

長：急にね（笑）。

柴：大体いつも急なんで。天気次第でお声がかかる（笑）。

坂：思い立ったが吉日だね。

長：それは大変だ！

柴：事前に予定入れていても天気で流れて。

長：予定通りに行けるっていうのは半分ぐらい？

鹿：去年、今年は結構流れましたね。

柴：去年なんか三連休、全部台風直撃でみんな流れて。

坂：去年、台風すごかったもんね！

柴：全然行けなかったですからね。

長：そっか。鹿野さんこの前は寝袋買いに行ったんだっけ？

鹿：そうそう、あれは飯出さんと飯豊山に登るために（笑）。

坂：鹿野さん、飯豊山に登ったあと小野川温泉に泊まらずに夜、帰ったんでしょう？　温泉ソムリエ千葉セミナーのために。

鹿：セミナーのお手伝いがあったんで、夜中の一二時に車で帰って着いたのは朝六時前。眠かった～。

長：お疲れ様でした！

柴：全然寝れてないの？　セミナー中寝てたでしょ？

鹿：セミナー中はちゃんと聞いてたよ！　ちゃんと聞いてた！　ちゃんと！

坂：睡眠学習ってやつだね（笑）。

鹿：いやいや、久しぶりだったので面白かったよ。初めての千葉開催!!

（温泉ソムリエよもやま話でしばし盛り上がる！）

長：もし、今どこでも行っていいって言われたら一番どこの温泉行きたいですか？　…じゃ、年功序列で。

柴：島の温泉ですかね。達人会でも式根島に行こうという話があったけど、コロナの影響で中止になってしまって。まあ海中温泉は泳げないから行けないんだけど。

長：式根島の隣の新島に、ギリシャのパルテノン神殿みたいな温泉があって（湯の浜露天温泉）、前回行けなかったので今度は一緒に行きましょう。

柴：そういえば、小笠原の離島に行くときは全員（コロナの）検査を受ける必要あるらしいね。乗船前に検査して、陽性だったら自衛隊機で送り返されるという。

長：ひぇ～、お金かかりそうね。…次は年功序列っていったら、お、あたしか（笑）。

何も考えないで素直に行きたい温泉っていうなら、福島の横向温泉「滝川屋」さんかなあ。女将がね、毎年わざわざ桃を送ってくれるんですよ。

そのお返しも充分できていなかったり、ずっと顔出せてなかったりで…。一日一組だけ予約が入ったときだけやってるらしい。あの温泉も夏に行ったらぬる湯で凄い気持ちがいいだろうし、それこそほかのお客さんもいないし、コロナ時代の宿といえばそうなのかなと思って。
　…次に若いのは誰でしたっけ？
坂：あい。普通に行きたいのは蓮華温泉＠新潟だよね。あとは、漠然と台湾に行きたい。
鹿：あ〜、いきタイワン（笑）。
長：コロナ収まったら行きたいですね。
柴：台湾って、暑いイメージがあるけど、冬ぐらいに行った方がいいのかな？
長：夏に行く特典がマンゴーかき氷！　それが美味しいの。一日三マンゴーくらいはいけるらしい（笑）。
坂：あとは、珍湯好きとしては、北海道豊富温泉とかも。
長：うんうん。豊富温泉は、この後の話題「コロナに効きそうな温泉!?」で、じっくりと話しましょう。
　最後は…鹿野さんが今行きたい温泉は？
鹿：沼尻元湯は行きたいね。夏の今なら最高！な感じで。
坂：観光用に整備される、っていう話だけど、管理用道路は完全に立ち入り禁止になったらしい。登山道から行くしかないかな。
長：沼尻は私も何度か。滝川屋さんのあとにどうしても行きたくって、旦那に「三〇分くらい散歩しよう」ってだまくらかして連れて行ったことがあるの。でも「あそこはよかった！」と今でも大絶賛（笑）。

コロナに効きそうな温泉!?

長：今年のネタとしてこれは外せない、「コロナに効きそうな温泉!?」という話題なんですけど、
　医学的根拠はまったく考慮せず、これ、なんか効くんじゃね？という感じの強烈な温泉といえば、先ほど話に出た北海道稚内の「豊富温泉」。ハンパない強烈なアブラ臭、あれと同じ温泉はほかには海外でアゼルバイジャンくらいしかないって受付のおねえさん

横向温泉滝川屋旅館

蓮華温泉

豊富ふれあいセンター

が言ってた。
　あとは酸性泉、酸性度では蔵王＠山形（ｐＨ１・25～１・６）が一番、別府郊外の塚原温泉＠大分は全国で二番目（ｐＨ１・９）くらい？　次が草津＠群馬（ｐＨ２・１）かしら？
柴：お約束の一番は玉川温泉＠秋田（ｐＨ１・05）。いろいろ効きそう。
長：井伊部長（※達人会メンバー）が数年前に行っていた野湯が最強（最狂）では？　たしかｐＨ１・０あるかないかだったような…？　行ってみたいですね（笑）
坂：むしろ、体に悪そう（笑）。
鹿：酸性泉以外では、ヨウ素泉とかも効きそう。千葉にも青堀温泉「青養園」とか、黒い湯で濃い感じがよかったなあ。廃業しちゃったけど。
坂：源泉でうがいすればいいんじゃない？
長：近場だと東京のど真ん中にある、星野リゾート「大手町温泉」もヨウ素泉ですよね。ＧｏＴｏトラベルで東京都が対象だったら行きたいなってずっと思ってたんですよね。それでもお高いですけど。
　…ほかにコロナに効きそうな温泉あります？
坂：三大薬湯として名高い、松之山温泉＠新潟もオススメですかね。

山芳園の贅沢な貸切露天風呂（鹿野・坂口）

　新潟なら、ほかに栃尾又温泉や五頭温泉郷　出湯温泉の「華報寺」はラジウム系でいいかも。まずは華報寺で清めたあとに、新津温泉と月岡温泉の油臭に浸かってから、くさいほうの湯（西方の湯）で仕上げるというコース…。西方の湯の臭素は、どこに行っても臭いが取れなくなるので最後で（笑）。
長：あとは、密を避けられるという意味では、貸切温泉（家族湯）とかもあるけど、どこかお薦めありますか？
鹿：静岡、西伊豆の「桜田温泉・山芳園」の露天風呂もいいよね。
坂：なるほどね。巨大で二〇人くらいでも密にならない。
長：うんうん、わかる。ただし、泊まらないで貸切ってなかなか少ないですよね。
　由布院の「二本の葦束（あしたば）」っていう、ちょっとお高めだけども地元野菜中心のお料理と

江戸遊

二本の葦束貸切露天

か美味しくって、トータルで考えたら全然リーズナブルなお宿なんですけど、部屋風呂のほかに貸切風呂も八つほどあって。その中の大露天風呂が、三〇人余裕で入れる広さなのに貸切で使えるという(※のみ不可)。

坂：群馬・水上の宝川温泉のもっと奥にある「湯めぐりテーマパーク龍洞」も、貸切風呂がすごくたくさんあって面白いね。単純温泉でお湯自体にはあまり特徴はないけど。谷川岳の近くにもなかったっけ？（施設名出て来ず…）

　信州高山温泉郷の七味温泉にも、日帰りで入れる結構広い貸切風呂が二つくらいあるんだよね。

はやく温泉に思う存分浸かりたい…♨

長：こんなに温泉に入れないのはもうやめてほしい、と切に願うわけでありまして…。

　では、最後に皆さんから一言。今度は（年功序列の）逆回りで。

鹿：緊急事態宣言明け、二カ月ぶりに千葉にある近くの黒湯の温泉銭湯「江戸遊」に入ったときの気持ち良さといったらなかったね。ほんとに「自分はこんなに温泉が好きだったんだ」と身に染みて感じて、そのあと入った日光湯元では硫黄臭を何度も嗅ぎまくりで、鼻血垂らしながら入ってた（笑）。

　早く普通に温泉に入れる日々が戻ってくることを願って、日々を過ごしております。

坂：今年は年男なのにこんな状況になってしまい、それはそれで思い出に残る年ではあるんだけど、「コロナの野郎、はよ温泉行かせろや！」って言葉に尽きますね。

長：自粛明けの温泉は都内の「水月ホテル鴎外荘」に泊まったんですけど、最初に入ったときは意外と何も感じず、三度目に翌朝浸かってやっと「お〜！」という反応で。温泉に入る感覚自体を忘れてしまっていたのか、不思議な感じでした。そのあと、行くか行かないか直前までいろいろあったけど、結局七月の連休に別府に行って。四日間で六〇湯くらい入りまくって、「数泉面白い！」「熱い湯最高！」って感じで、ストレス発散して帰ってきましたよ！　アホだよね（笑）。

柴：自粛明けに久〜しぶりに温泉入った感覚は、鹿野さんと同じ。長尾さんとは真逆になるかもしれないけど、以前は数泉でいかに多く入れるかを楽しんでいたこともあったけど、コロナでずっと禁湯していたり。山に登るようになって、ずっと我慢して下りてから入る温泉は、一口一カ所でもいいなあと感じることが多くなってきた。

　とはいえ、やっぱりいい温泉には毎日入りたいし、一日に何度でも好きなだけ温泉に入れる日常が戻ってくる日を夢見ています。

長：いっそ、都会を離れて温泉地に永住したいという想いも強くなってきましたよ。ここにいるメンバーみんな大体人生一〇〇年の折り返し。これからの人生を考えるにも、ある意味良い機会だったのかもしれませんねぇ…。

　では、柴田さんも明日検査で朝早いことだし（笑）、本日はこの辺でお開きということで〜

一同：お疲れさまでした！

（二〇二〇年八月一二日一九時〜二〇時収録）

私の好きな温泉

北九州編　File 304〜323

飯出敏夫

熊本県、弓ヶ浜温泉・湯楽亭にて

ずっと東北の温泉に魅せられて通って来たが、記録を見たら九州にも二〇一三〜一九年の七年間に延べ七三日も通っていたのは意外だった。

九州の温泉でもっとも印象的なのは、人々の日常生活に温泉が密着しているということだ。日帰り温泉施設にも当たり前のように家族連れで利用する家族湯がある。そして、入浴客はおしなべて明るく外交的で、撮影にも快く応じてくれた。そこに東北人との気質の違いを感じたが、それは気候風土から受ける影響が大きいのではないかと思う。

九州の温泉は二回に分けて書くことにし、前編の今号は福岡・佐賀・長崎・熊本の四県を北九州編とした。

原鶴温泉・旅館とよとみ

古湯温泉・杉乃家

熊の川温泉・熊ノ川浴場

福岡県

304 二日市温泉

大宰府天満宮の南西に位置し、開湯一三〇〇年の九州最古の温泉とされる古湯。福岡市街から電車で三〇分足らずという好立地にあり、仕事帰りにも気軽に立ち寄れるのがなによりだ。温泉街には近代的な大型の宿が建ち並ぶが、公衆浴場が複数残っているのが秀逸。なかでも木造三階建ての「博多湯」はシンボル的な存在で、自家源泉の源泉かけ流しの名湯が楽しめるとあって、人気が高い。

★単純温泉、43・8℃（博多湯）

305 原鶴温泉

九州一の大河・筑後川沿いに湧く温泉の中心は、筑後川温泉と原鶴温泉だ。最大規模は約二〇軒の宿が温泉街を形成する原鶴温泉で、明治時代の開湯。筑後川温泉は昭和三〇年代に開かれた温泉で、どちらも博多の奥座敷といわれる。特徴はほとんどの宿が豊富な湯量の自家源泉を持つこと。筆者が立ち寄った「旅館とよとみ」は温泉街から離れた位置にポツンと建つ宿で、源泉名も「奥原鶴温泉とよとみの湯」とあった。

★単純温泉、44・8℃（旅館とよとみ）

佐賀県

306 古湯温泉

今からおよそ二二〇〇年前、中国の秦から不老長寿の薬を求めて渡来した徐福が発見したという伝説がまことしやかに語り継がれる古湯。周囲を小高い山々に囲まれた小盆地は、春の花の咲く頃はまるで桃源郷のような雰囲気に違いない。内陸部から唐津方面に抜ける際、過去に四度ほど立ち寄り、この伝説の温泉が湧く小盆地を見下ろす、山の中腹に建つ「杉乃家」に二度泊まったことがある。

★アルカリ性単純温泉、39・3℃（杉乃家）

307 熊の川温泉

古湯温泉の下流四キロほど、嘉瀬川の右岸に数軒の宿が散在する小さな温泉場。長崎自動車道佐賀大和ICから北に一二キロほどしか離れていないが、周囲は緑豊かな自然境だ。その一角に素朴な佇まいの日帰り温泉施設「熊ノ川浴場」があり、ここには二度立ち寄った。小さな施設だが、大勢の入浴客で混雑といった雰囲気もなく、二度とも独泉。このあたりでは珍しい単純弱放射能泉を堪能することができた。

★単純弱放射能泉、30・8℃（熊ノ川浴場）

武雄温泉・大衆浴場元湯

有田温泉・ヌルヌル有田温泉

太良嶽温泉・蟹御殿

308 武雄（たけお）温泉

『肥前国風土記』（奈良時代前期）に嬉野温泉とともに記されている古湯で、長崎街道の宿場町としても栄えた。温泉街の中心にあるのが、シンボルの大衆浴場。一種の温泉テーマパークの様相を呈し、男女別浴槽の元湯、鍋島藩主専用の湯殿だった「殿様湯」や「家老湯」などの貸切風呂のほか、国の重文指定の楼門と新館(ともに大正四年竣工)など、東京駅を建てた辰野金吾設計の建築様式美も、ここの大きな魅力である。

★単純温泉、49・6℃（大衆浴場元湯）

309 嬉野（うれしの）温泉

嬉野川に沿って、佐賀県下というよりも九州を代表するにぎやかな温泉街を形成している。江戸時代は長崎との往来の重要な宿場町として、外国人に最も知られた温泉地だった。その歴史を象徴するように、嬉野川沿いの古湯公衆浴場跡には欧風公衆浴場「シーボルトの湯」が作られた。泉質的に肌がすべすべになり、「美肌の湯」として女性に人気で、源泉を使ったトロトロの「温泉豆腐」が嬉野温泉の名物の味になっている。

★ナトリウム－炭酸水素塩・塩化物泉、85・2℃（シーボルトの湯）

310 有田温泉

ここは佐賀の湯めぐり中に地元の人に教えてもらった日帰り温泉施設だが、陶器の街にこんな良泉があるとは知らなかった。泉質は旧泉質名だと代表的な美肌の湯の純重曹泉。源泉温度は低いが、湧出量は毎分一三〇リットルと豊富。特筆ものは、加温浴槽の内湯の外に源泉露天風呂があることで、この温冷交互浴がなんとも快適だ。食事処ではこの源泉を使って作る「温泉湯豆腐御膳」などの名物メニューが楽しめる。

★ナトリウム－炭酸水素塩泉、17・7℃（ヌルヌル有田温泉）

311 太良嶽（たらだけ）温泉

長崎県との県境にあたる太良町は名物「竹崎カニ」（ガザミ）で知られる。その名物の味がふんだんに楽しめ、かつ有明海とその彼方に浮かぶ雲仙を眺望しながらの展望露天風呂を自慢にしているのが一軒宿の蟹御殿。温泉は特徴のない規定泉だが、それを補って余りあるのが竹崎カニと展望露天風呂からの景観だ。敷地内には日帰り温泉施設「有明海の湯」も併設。太良嶽温泉の東にある太良竹崎温泉も竹崎カニが名物の味だ。

★温泉法上の規定泉（メタけい酸）、22・2℃（蟹御殿）

小浜温泉・脇浜温泉浴場

湯ノ本温泉・平山旅館

杖立温泉・薬師湯

長崎県

312 雲仙温泉

九州を代表する名湯である。それを強く印象づけるのは激しく噴気を上げる地獄風景の存在だろう。ここも『肥前国風土記』に記された古湯だが、いち早く外国人避暑地として脚光を浴びたことでも有名だ。雲仙には「湯の里温泉」「新湯温泉館」、少し離れた小地獄に「小地獄温泉館」の共同浴場がある。筆者的には雲仙温泉とは別源泉の小地獄温泉が好みで、別の温泉地として認識したいところだ。

★酸性・含硫黄・鉄（II・III）－アルミニウム－硫酸塩泉、44.0℃（湯の里温泉）

313 小浜（おばま）温泉

長崎県下では最大規模を誇る、橘湾に面した臨海の温泉場。源泉は約一〇〇度という高温で、街中の各所から湯煙が立ち昇っているのも特徴的だ。海浜公園的な場所に日本一という足湯や日帰り施設の露天風呂もあるが、筆者が大好きなのは海沿いから少し内陸部に入った脇浜地区にある「脇浜温泉浴場」。通称「おたっしゃん湯」と呼ばれるレトロな共同浴場で、もはや文化財と呼べる趣がある。

★ナトリウム－塩化物泉、97.0℃（脇浜温泉浴場）

314 湯ノ本温泉

壱岐島唯一の温泉場（ほかに日帰り温泉施設も一軒あるが）で、神功皇后がこの湯を応神天皇の産湯に使ったという伝説が残るほどの古湯である。高級宿と湯治風の宿が数軒あるだけの小温泉場だが、茶褐色に変わる濃厚な成分を含む湯は良く温まり、「子宝の湯」として親しまれている。筆者は平山旅館に何度も泊まっているが、ここで味わう玄界灘で揉まれた魚介は格別。なかでも剣先イカが秀逸だ。

★ナトリウム－塩化物・炭酸水素塩泉、66.5℃（平山旅館）

熊本県

315 杖立（つえたて）温泉

熊本と大分の県境部、阿蘇と日田を結ぶ主要国道二一二号沿いにあり、ここも神功皇后が応神天皇の産湯に使ったという伝説が残る古湯だ。杖立川の渓流の両岸を埋めるように旅館が建ち並ぶ景観は見事だが、近年は寂れた感が否めない。それでも温泉街には元湯、薬師湯、御前湯の三カ所の共同浴場があり、これらを回りながら河畔に整備された遊歩道を歩くのが楽しみだ。春の鯉のぼりが風物詩。

★ナトリウム－塩化物泉、98.0℃（米屋別荘）

奴留湯温泉

はげの湯温泉・豊礼の宿

満願寺温泉・河原の露天風呂

316 奴留(ぬるゆ)湯温泉

小国町から大分県九重町へ走る国道三八七号沿いには温泉ファンを魅了する個性的な温泉が点在し、温泉街道の趣がある。小国町から入って、最初にあるのがこの温泉。といっても、北里集落の一角にポツンと建つ共同浴場のみの温泉で、小さな標識が出るだけなので見逃してしまいそうだ。名称の通りのぬる湯で、何時間でも入っていられるほどの快適さ。足元湧出泉と信じ込む人もいるが、底から湯を引き入れているようだ。

★単純硫黄泉、38・8℃（共同浴場）

317 はげの湯温泉

「わいた温泉郷」とは涌蓋(わいた)山麓に湧くはげの湯温泉、岳の湯温泉、山川温泉などいくつかの温泉の総称だ。国道三八七号から少し山側に入ったところにあるが、あちこちからものすごい勢いで湯気が噴出する光景には度肝を抜かれる。筆者の贔屓は素泊まり専用「豊礼の宿」と日帰り温泉施設「豊礼の湯」を併設する「豊礼の湯宿」。魅惑的なホワイトブルーの湯の展望露天、噴気を利用した地獄蒸しの自炊が魅力だ。

★ナトリウム－塩化物泉、96・5℃（豊礼の宿）

318 黒川温泉

いまや九州を代表する有名温泉地に発展したが、筆者初訪の一九七〇年代は山中の寂れた温泉場だった。それが大変身したのは、温泉街全体の景観修復、各宿の源泉かけ流し露天風呂をめぐる入湯手形の発案、その活況ぶりがマスコミに喧伝されたことが大きい。「地蔵湯」と「穴湯」の共同湯の存在も心強い。直近の訪問は二〇一八年五月だったが、熊本地震後にその宿の湯が美しい青色に変わっていたのには驚嘆した。

★ナトリウム－硫酸塩・塩化物・炭酸水素塩泉、78・8℃（やまびこ旅館）

319 満願寺温泉

近くの黒川温泉の喧騒から離れた、静かで素朴な雰囲気が漂う小さな温泉場。歴史は古く、モンゴル侵攻（元寇）を受けた鎌倉幕府がこの地を祈願所として建立した満願寺の門前に湧く。志津川の川辺に設けられた混浴露天風呂には野菜や食器の洗い場も併設し、建て替えられた満願寺共同浴場（男女別）など、ほのぼのとした情景が好ましい。川辺の露天風呂は道路から丸見えで、看板には〝日本一恥ずかしい露天風呂〟とある。

★単純温泉、42・8℃（満願寺温泉共同浴場）

湯の鶴温泉・四浦屋本店

人吉温泉・元湯

地獄温泉・青風荘

320 地獄温泉

南阿蘇の秘湯ムード満点の一軒宿だが、二〇一六年四月一六日に発生した熊本地震とその後の土石流で、復旧が危ぶまれるほどの甚大な被害を受けた。しかし、自慢の足元湧出泉「すずめの湯」は枯れることなく、被災から三年目の一九年四月一六日に日帰り入浴だけ見事に復活。新しく冷泉の露天風呂を新設し、施設名も清風荘から青風荘に改称した。次の目標だった宿泊部門の二〇年春再開は叶わなかったが、鋭意奮闘中だ。

★単純酸性硫黄泉、48・0℃（青風荘）

321 弓ヶ浜温泉

天草五橋で結ばれる大矢野島の西岸近くにある一軒宿の温泉。独特の赤茶色に変色する豊富な湯を駆使した内湯、露天風呂、手掘りの洞窟風呂などが楽しめる。天草の海の幸が満載の食事も評判だ。その自慢の赤湯が出なくなり、新しく掘削して新源泉が出たのが二〇一八年。それを聞いて一九年五月に初めて宿泊。翌朝は鬼池港からフェリーで島原半島に渡り、ミヤマキリシマが盛りの雲仙岳（普賢岳～国見岳）に登った。

★含二酸化炭素－ナトリウム－塩化物・炭酸水素塩泉、50・0℃（湯楽亭）

322 人吉温泉

市街地にある温泉では、おそらく一番好きなところだ。しかも城下町。お目当ては市街地に点在する共同浴場的な民営の温泉で、人吉城跡の入口にある元湯、昭和レトロの極みのような新温泉などに魅了された。直近の訪問は二〇一八年五月だったが、その人吉の街が今年の七月四日、球磨川の氾濫により泥水に埋まるとは…。二回泊まったことがある人吉旅館はいまだ休業中、水没した新温泉の再開は不可能のようで、無念である。

★ナトリウム－炭酸水素塩・塩化物泉、47・7℃（元湯）

323 湯の鶴温泉

鹿児島県と境を接する八代海沿いには日奈久温泉や湯の児温泉などの魅力的な温泉もあるが、熊本県の最後は最南の水俣市の山間部にある、鄙びた雰囲気の湯の鶴温泉にした。壇ノ浦の合戦で敗れた平家の落人が住み着いて発見したと伝わる古湯だ。湯出川の流れに沿って旅館や民家が建ち並ぶが、廃業した宿も少なくない。このどことなく寂れた感じの静けさと良質の湯がたまらない。ここに連泊して無為にすごせたら、と思う。

★アルカリ性単純硫黄泉、55・0℃（四浦屋本店）

温泉達人会メンバーズ 活動レポート 2019.9.1▼2020.8.31

温泉達人会・会員による1年間の活動報告（五十音順）

青沼章（あおぬま・あきら）

◉忘れ去られた湯を訪ね、こっそりと入浴することを目論む輩。何時間も藪漕ぎをして訪ねた地に温泉がないと、ちょっとがっかりする。ちょろちょろでも、冷たくても、見つけられたなら満足。ほかの人のトレースは不得意。

本州中央部に位置する某温泉。以前はこの地に温泉付き山小屋として二軒の宿が存在した。一方は○山荘、もう一方は○○荘という名前であった。かなり登山者には有名な山小屋だったので今なお覚えている方も多いであろう。ただ、ネットで両山小屋を検索しても、その情報はすでにほとんど得ることができない。（ちょっと昔の情報を調べるには、ネットは不向きなのかもしれない）

ガス噴出地帯

一帯は荒涼とした源泉地帯で火山ガスも噴出している。かなりのガス噴出地帯なのだが、当時の山小屋で問題は生じなかったのだろうか。片方は廃業、もう一方は移転の後経営が変わってしまった。あまり知られていないのだが、この源泉地帯の最下流に天然の湯の池がある。直径はおよそ一五メートル。噴気も活発であるため、この池に入浴することは少々難しい。見事な湯ノ池であるが、しかしその存在はほとんど知られていない。（この文章だけでどこを示すかわかったあなたは、相当の温泉通です）

青沼奈津子（あおぬま・なつこ）

◉普段は目立たず地味に生活してるのに、地元の新聞にうっかり写真入りで載ってしまい、野湯好きなのがバレて、会社の同僚に「あんな温泉ばかり行ってるの?」って聞かれました。いや、それじゃ変態ですから…。もちろん普通の温泉も大好きです。

新型コロナの影響で遠出もままならず、かといって自宅に引きこもっていてはストレスもたまるので、近場の山ばかり登ってました。中でも志賀高原には四回も足を運んでます。湿原を埋めつくほどのワタスゲの群生や咲き誇る花々に自粛疲れも癒されたものです。トレッキング後は毎回ちがう温泉施設に立ち寄り、入浴で汗を流しました。その施設は、発哺温泉・ホテル東館、ほたる温泉・一望閣、幕岩温泉・ビワ池ホテル、ほたる温泉・志賀パレスホテルです。どの施設も、とても良い対応で気持ちよく入浴することができたのですが、一度もほかの客と遭遇することがなかったので、やはりコロナの影響は深刻なのだと感じました。

飯出敏夫（いいで・としお）

◉年間100日以上を全国の温泉取材に費やす温泉紀行ライター。得意分野は秘湯系。主な著書に『一度は泊まってみたい秘湯の宿70』『名湯・秘湯の山旅』『達人の秘湯宿』など。WEBサイト「温泉達人コレクション」を配信中。

二〇一九年九月～二〇二〇年八月に入湯したのは以下の

通り（☆印は「温泉百名山」絡み）。「温泉百名山」選定絡みに終始したと思っていたが、意外にもそうでもなかったことに驚いた。初入湯はわずか一ノ木温泉と滝沢温泉（ともに福島県）、岩手県の真昼温泉、千貫石温泉、矢巾温泉の五湯だけだった。

二〇一九年九月

那須湯本温泉、大丸温泉、塩原温泉郷（門前、中塩原）／十谷上湯温泉、奈良田温泉、下部温泉／小渋温泉、鹿塩温泉（☆）／岳温泉元湯（☆）、滑川温泉（福島屋）、東鳴子温泉、鳴子温泉、泥湯温泉（☆）

二〇一九年一〇月

東鳴子温泉、松川温泉（☆）、蔵王温泉（☆）、秋の宮温泉郷（鷹の湯温泉）（☆）、肘折温泉、小野川温泉、鹿沼温泉／上牧温泉、湯檜曽温泉（☆）／新湯河原温泉／燕温泉（☆）、中房温泉（☆）／小谷温泉、来馬温泉、美ヶ原温泉、上高地温泉（☆）、下部温泉

泥湯温泉・奥山旅館

二〇一九年十一月

熱海温泉／浅間温泉、四万温泉（☆）、法師温泉／川治温泉、平家平温泉

二〇一九年一二月

新穂高温泉、新湯田中温泉、美ヶ原温泉、奈良田温泉／那須湯本温泉、塩原温泉郷（中塩原、奥塩原新湯、奥塩原元湯）、湯西川温泉、奥日光湯元温泉／塔之沢温泉、箱根湯本温泉

二〇二〇年一月

那須湯本温泉、大丸温泉、塩原温泉郷（中塩原、奥塩原新湯、奥塩原元湯、塩の湯）／乳頭温泉郷（休暇村、駒ヶ岳、鶴の湯、蟹場）、強首温泉、肘折温泉／黄金崎不老ふ死温泉、岩倉温泉、鶴の湯温泉、高湯温泉

二〇二〇年二月

奈良田温泉、下部温泉／万座温泉、草津温泉、四万温泉、猿ヶ京温泉、川古温泉、上牧温泉／奈良田温泉、奈良田の里温泉／奥塩原新湯温泉、玉梨八町温泉

二〇二〇年三月

昭和温泉、大塩温泉、滝沢温泉、湯の花温泉、大網温泉／奈良田温泉、下部温泉、草津温泉（山梨）、玉川温泉（山梨）

二〇二〇年四月・五月

コロナ自粛

二〇二〇年六月

東根温泉（☆）、蔵王温泉、青根温泉（☆）／貝掛温泉（☆）、猿ヶ京温泉、湯檜曽温泉（☆）、法師温泉（☆）／貝掛温泉（☆）、尻焼温泉（☆）／法師温泉、猿ヶ京温泉、川古温泉、草津温泉

二〇二〇年七月

中塩原温泉、木賊温泉、甲子温泉（☆）、泥湯温泉（☆）、川渡温泉、小安峡温泉、大湯温泉、須川温泉（☆）、湯浜温泉／奥日光湯元温泉（☆）、中塩原温泉／中塩原温泉、一ノ木温泉、飯豊温泉（☆）、小野川温泉、中塩原温泉／草津温泉、万座温泉、新湯田中温泉、熊の湯温泉（☆）、美ヶ原温泉、秩父川端温泉

二〇二〇年八月

新湯田中温泉、明治温泉、渋の湯温泉（☆）、唐沢温泉（☆）／松川温泉、藤七温泉、大深温泉、蒸ノ湯温泉、乳頭温泉郷（休暇村）、国見温泉、滝ノ上温泉、湯川温泉、千貫石温泉、夏油温泉、矢巾温泉

伊織（いおり・稲村信吉）

●熱いお湯と素朴な共同湯と古い建物の旅館と昔の佇まいを残す温泉地が好き。

今年度は三月後半以降は新型コロナ禍で外出が憚られたが、それまでは例年通り自炊湯治の宿を渡り歩き、その行き帰りにローカルな日帰り施設や共同湯を巡っていた。

湯治に訪れた宿は、小野川温泉・やな川屋、夏油温泉・元湯夏油、酸ケ湯、肘折温泉・西本屋、鉛温泉・藤三旅館など。

山スキーのためもあって冬は頻繁に酸ケ湯に行くので、その行き帰りに青森の日帰り施設に寄るのも続けている。

長英の隠れ湯

千鹿谷鉱泉

青森市・浪岡駅前温泉、南津軽郡藤崎町・喜龍温泉玉ノ湯、南津軽郡田舎館村・平川温泉、平川市・芦毛沢温泉、平川市・平賀観光温泉、平川市・小国町会保養所、弘前市・せせらぎ温泉、平川市・唐竹温泉、弘前市・白馬龍神温泉、平川市・鷹の羽温泉、南津軽郡藤崎町・はたけの湯っこ、黒石市・二双子共同浴場（再訪）、黒石市・宝温泉 黒石。

青森県以外では、山形県西村山郡河北町・海老鶴温泉（再訪）、山形市・青田健康ランド（旧 臥龍温泉保養センター）。

群馬県吾妻郡中之条町の長英の隠れ湯は、センター系の施設が閉館して小さな共同湯として再生していた。

また、永禄一二年開湯という、埼玉県秩父市の千鹿谷鉱泉に閉業間際に訪れることができた。

五十嵐光喜（いがらし・こうき）

●島と山と温泉を愛する旅人。私の温泉は山行の汚れを落とし疲れを癒やすことが主目的となることが多い。

日本百名山・日本二百名山・日本三百名山・日本百高山・関東百名山・東北百名山・群馬百名山・栃木百名山を完登し、現在は主に日本五百名山・しま（島）山一〇〇選を目指して旅しております。

今春、神奈川県に転勤になり、山梨百名山や静岡百名山を、また今春に神奈川新聞でかながわ百名山が発表になり、それらも狙って検討中です。

温泉の方は、転勤や新型コロナ、労災による怪我により期せずして外出自粛になり、ステイホーム状態が続いたため、ほとんど行くことができませんでした。

ステイホーム中にはテレビの『グレートトラバース』（日本三百名山）にハマりました、以前登った山々が出てくるので懐かしいです。またこの番組中には各地の温泉もたくさん出てくるので、それも楽しみです。中でも三瓶温泉に宿泊の回では、鳥取地震に被災した宿の女将さんと一緒に避難所に行くなど、様々なトラブルもあり一筋縄ではいかない旅になっています。今後も三百名山に挑戦中のアドベンチャーレーサー、田中陽希さんの活躍にも注目です。

早く新型コロナが終息し、また怪我も完治し、以前のように島と山と温泉の旅に出られるようになることを願っています。

令和元年9月7日　泉崎さつき温泉　福島県　天狗山
9月8日　たかつえ温泉　福島県・竹貫鎌倉岳
9月17日　宇都宮あぐり温泉　栃木県・丸山
9月21日　桜峠温泉　福島県・関山
9月22日　柳津温泉　福島県・岩崎山
9月22日　西山温泉　福島県・羽黒山
9月23日　平潟港温泉　茨城県・湯ノ岳
9月24日　新田川温泉　福島県・虎捕山
11月3日　楢葉温泉　福島県・女神山
12月15日　城里温泉　茨城県・佐白山
12月29日　那覇天然温泉　沖縄県・高月山　座間味島
12月30日　那覇天然温泉　沖縄県・宇江原岳　久米島
2月11日　宇都宮天然温泉　栃木県・古賀志山
令和2年3月6日　江曽島温泉　栃木県・多気山

井澤俊二（いざわ・しゅんじ）

●温泉も人生もぬるいのが好みの無類のぬる湯好き。湯めぐりよりも酒場めぐりに精を出すこのごろです。

二〇一九年一〇月上旬、佐野川温泉。ぬる湯でほっこり。

一二月上旬、ベトナムで温泉（本誌七四頁参照）。

二〇二〇年一月下旬、青森の下風呂温泉へ。共同湯の大湯と新湯の建て替え統合の話を耳にし、大人の休日パスを利用して向かう。最寄りの下北駅を降りたら雪がない！　最果ての雪景色を期待していたら拍子抜けで、地元の人に言わせれば春並みだという。そこからバスで約一時間。昔、ツーリングの途中で素通りしてしまったが、ようやくの再訪問で大湯の真ん前の、まるほん旅館に二連泊。下風呂の湯は熱い。特に大湯は激熱。熱め、ぬるめと湯船は二つあるが、どちらも熱い。特に熱めの湯は入れたものじゃないくらいだが、大湯からの引湯のまるほん旅館の湯は、源泉から距離があるのでほどよい熱さ。夕飯は目の前の港に揚がった旬のアンコウ。鍋や初めて食べた刺身など、新鮮なアンコウを贅沢に。下風呂三源泉の残りの浜湯に入るべく、つる屋さつき荘に立ち寄りして、三泊目は新幹線の七戸十和田駅前にある、東八甲田温泉に宿泊。基本日帰りだが安く泊まれる。夜は八戸へ出て、酒場のはしご。新幹線往復という、大人の休日パスならではの離れ技。翌日はバスで青い森鉄道の上北駅へ移動して、天然温泉まつのゆ、古牧温泉元湯。

新鮮なあんこうづくしの夕食

旅館名入りのお銚子

二月中旬、釣りがてらに伊豆の伊東温泉・山喜旅館、宇佐美温泉・中島荘、片瀬温泉・民宿浜っ子に宿泊。釣果は無念のボウズに終わり、赤沢日帰り温泉館で海を眺めてぼーっとする。

三月中旬、塩原温泉郷の塩の湯温泉・明賀屋本館に立ち寄り。雪景色の中二時間半くらい過ごして、元湯温泉・ゑびすやに一泊。翌日、共同湯の新湯温泉・寺の湯と中の湯に入ったあと、那須の北温泉旅館で自炊三連泊。そろそろやばくなってきた新型コロナの影響か客は少なく、二泊目の宿泊客は自分ひとりだった。北温泉が好きで何度か宿泊しているが、こんなことはめったにないにちがいない。北温泉ひとり貸切で温泉にとっぷり。

緊急事態宣言明けの六月下旬、一昨年不参加だった納会会場の尻焼温泉・星ヶ丘山荘泊。オーナー変更前の関晴館別館には何度か泊まったことはあるが、小ぎれいになって食事もグレードアップ。河原の湯は健在で半日近くそこで過ごした。翌日は、ぬる湯の川中温泉・かど半旅館泊。

七月中旬、三〇年ぶりくらいで、法師温泉に宿泊。露天など新しいお風呂や食事処ができるなど手が入っていたが、混浴湯屋「法師乃湯」の雰囲気は昔のまま。ここはずっと変わらずにいてほしい。

井湯（いとう・伊藤啓高）

●仕事ついでの立ち寄り湯、時々、飛行機で行く日帰り温泉を楽しんでおります。今年は、新型コロナ禍で引きこもり生活になってしまいました。希望としては、旅に出たい！

ぬるい湯に浸かって、おいしい物を食べる。湯めぐりの目標です。

十勝岳温泉は、北の大地のど真ん中、十勝岳山中にある天空のぬるーい温泉です。露天風呂から眺める十勝岳連峰は、四季折々の景色を楽しませてくれます。絶景は晩秋から冬にかけて、雪が薄っすらと積もって山肌を白く染めていくころが一番好きです。

すっかりはまって、新千歳空港利用の日帰り旅は、十勝岳温泉に通うようになりました。ついでに入れる吹上温泉の露天風呂も魅力的です。日帰りなので滞在時間は一時間半ほど、長湯も良いけど一期一会の景色を楽しむのも良いものです。

吹上温泉露天風呂

新千歳空港から車で四時間少々、千歳東ICから道東自動車道を使って占冠へ。富良野の唯我独尊のポークカレーを食べて一路、吹上温泉露天風呂へ。温泉は熱めです。もうひと登りして、十勝岳温泉へ。悪天候のときは危険ですので自重してください。

新型コロナ禍で二月を最後にどこにも旅に出ていません。自由な移動とはどれほどありがたいものか！　改めて考えさせられます。

いなせ家半七（国本貴久）

●昭和34年3月13日大阪市生まれ。昭和55年5月入門。平成8年真打昇進。

九月　長野県・来馬、春日福井県・鷹巣、岐阜県・福地、群馬県・新鹿沢
一〇月　長野県・沓掛、野沢、新潟県・大湯
十一月　山口県・雙津峡、市島地
一二月　未湯
一月　長野県・春日
二月　山梨県・奈良田、鹿児島県・新湯、湯之谷、妙見、安楽、日の出、霧島旅の湯（野々湯）、栗野岳、宮崎県・白鳥上、白鳥下、京町
三月　長野県・上諏訪、岐阜県・濁河
四月　未湯
五月　未湯
六月　未湯
七月　新潟県・燕、長野県・春日
八月　未湯

金子茂子（かねこ・しげこ）

●20代はダイビングで各地の海を潜り、冷えた体を温めるため海辺のマニアックな温泉に入っていました。そのあと、温泉バイブル片手に湯巡りしていた現在の主人の趣味に便乗し、温泉にはまることに。ぬるい温泉にじっくり浸かるのが大好きです。

コロナショックの中、この夏は長野県観光機構が発行している「物味湯産手形」を利用して、長野のお湯の良さを再確認してきました。

ほとんどの施設で、検温と住所・氏名・電話番号を記入してから入場する体制をとっており、他県からでも問題なく利用できました。

信州　物味湯産手形

そんな中、手形とは無関係の、村営の某温泉で不愉快な出来事が。

玄関に向かっていくと、自動ドアの向こうから六〇代の男性がすごい形相でこちらを睨み、両手で思いっきりバッテンを作って、絶対に入るなという態度をしてきたのです。きっと車のナンバーをチェックしていたのでしょう。村の人々（高齢者）を守る行動だと思いますが、その大人気ない行動に悲しい、悔しい気持ちでここを去りました。

二〇二〇年は、世の中の日常が一変した年になりました。コロナ問題が終息して温泉にも気軽に行ける、明るい未来が来ますように。

金子真人（かねこ・まさと）

●眺望が良い温泉、自然な佇まいの温泉、着くまで体力勝負の温泉に興味があります。いつも温泉主体の旅ですが、野湯巡りのあとは滝の見学など観光もします。屋久島に行った際は海中温泉のあと、縄文杉も見てみたいと思う、普通の温泉好きです。

温泉達人会の一年の定義は、九月から翌年八月までなので、その通りに捉えると、新型コロナ禍といっても、まったく温泉旅行ができていないわけではない。

一〇月の道央・道南の旅、十一月の八丈島、二月の大分と箱根、鹿児島に行った三月は、イベント自粛や学校の全国一斉休校が始まっており、もう疑似的な緊急事態になっていた。

その後は、ちょっと無理をして五月に群馬、七月新潟、八月長野と、あまりじっとしていることができなかった。

早くワクチンや特効薬が市場に出回って、感染拡大防止に躍起にならずに済む世の中に戻ってほしい。

坂口裕之（さかぐち・ひろゆき）

●景色の良い温泉、歴史を感じる温泉が好きです。普段はデジタルな仕事に追われているが、休日は温泉に浸かりながらのんびりとすごしています。いつも温泉がつないでくれる、素敵な湯縁に日々感謝です。

今年は春先から新型コロナウイルスの影響で湯巡りもままならない状況でしたが、ウイルスが流行する前の昨年十一月の初めに青森県下北半島の下風呂温泉を訪れました。

ずっと下風呂温泉に行きたいと思っていましたが、新潟からの道のりは遠くなかなか行くチャンスがなく、そうこうしているうちに下風呂温泉の共同浴場「大湯」と「新湯」の二施設が取り壊され、新しい施設に統合されることを知り、取り壊される前にどうしても大湯と新湯に入りたくて重い腰を上げ、訪れてきました。

大湯は「熱めの湯」と「ぬ

大湯

るめの湯」の二つの浴槽がありどちらも白濁していました。硫黄臭香るお湯はキリッとした素晴らしい温泉で、熱めの湯は私にはかなりアチチでした（笑）。

新湯は浴槽が一つでこちらも白濁していましたが、大湯に比べると透明感があります。また、大湯よりもこぢんまりとした感じでしたが、それもまた風情があって良かったです。

下風呂温泉の共同浴場は老朽化が進み統合して新しい施設を造るとのことですが、長く地元の人に愛されたであろう共同浴場が取り壊しになるのは、少しさみしい気がしました。

新湯

春先からは新型コロナウイルスの影響で自粛中は温泉も自粛していました。解除されてからは遠出はせずに地元の温泉をゆっくりと湯巡りし、改めて地元の温泉の良さについて再確認することができました。コロナウイルスの影響で休業や廃業をしてしまう宿や温泉施設がありますが、早く収束することを願うばかりです。

鹿野義治（しかの・よしはる）

◉元々はただの温浴施設を好きだったのが、徐々に温泉の奥深さにはまっていき、よき温泉仲間に感化されて、いつの間にかどっぷり温泉にはまっています。

秋口の連休の度に襲来する台風から始まり、年明けからのコロナ自粛と、なかなか思い通りに湯巡りできなかったこの一年。入浴した施設数は例年より少なく七八カ所（一八都府県）となりました。うーん、予定がだいぶ流れてしまって、不完全燃焼感が拭い切れない一年でした。

そんな一年の中で印象に残った温泉は、くろがね小屋（安達太良山）、霧島ホテル、人吉温泉・旅館 たから湯の三湯です。

くろがね小屋（安達太良山）

閉鎖するという噂が流れては消えのくろがね小屋、まだまだ、大丈夫のようです（笑）。九月にくろがね小屋の源泉でもある「岳温泉源泉見学ツアー」に参加しました。いつもは立入禁止の源泉を見学しながら、湯守さんのお話を聞くことができます。

源泉のスケールをお掃除

源泉は一五本ほどあり、一本をくろがね小屋に、ほかの一四本が岳温泉に配湯されています。源泉の一番近くにある、くろがね小屋で入る温泉は新鮮そのもの。

そして見学ツアーの最大の特典は、くろがね小屋の源泉を見学した際に、念入りに落としたスケールが、その後に入る温泉の湯船に大量に注がれて、いつもより濃い、濃厚な湯に入ることができること！ 最高です!!

霧島ホテル

十一月の誕生日に訪れた、霧島の庭園大浴場で有名な、霧島ホテル。一日一四〇〇万リットルの湯量、浴場の大きさに圧倒される霧島の名湯です。

この日、十一時からの日帰り入浴でオープンアタックしたところ、なんとほかに誰もおらず、貸切独泉。しかも一時間以上も。うれしくなって、背泳ぎ・平泳ぎ・バタフライ・クロールと、ひとりで個人メドレースイミング（笑）。いやぁ、楽しかった～。自身への最高の誕生日プレゼントとなりました!!

人吉温泉 旅館 たから湯

二月に伺った人吉温泉・旅館 たから湯、まさかその五カ月後に…。

人吉温泉・旅館 たから湯

二〇二〇年七月四日に熊本地方を襲った豪雨により、球磨川が決壊し、二階まで濁流が流れ込み、八月三一日現在、いまだ復旧の目途が立たない状態になっているとのこと。人吉温泉の中でも一番好きな、たから湯さん。脱衣所から階段を降りて入る湯船。レトロな空間と優しい温泉につつまれると、時間が経つことを忘れてしまう、たから湯さん。少しでも早く復興されることを、心よりお祈り申し上げます。落ち着いたら絶対に、伺いたいと思います！

柴田克哉（しばた・かつや）

◉東京都在住のサラリーマン。平成最後の新入会員として入会3年目を迎える。40歳代で社会人サッカーを引退後は、登山にも目覚め、温泉百名山の選定を進める飯出隊長に取り憑き、山＆温泉の修行に邁進中。

この新型コロナの蔓延下ではまともに湯めぐりなどできず、直近一年間の入湯数は例年の半分程度だった。

そんな中でも、約四〇カ所の温泉地を新規訪問し、昨年秋から飯出隊長のお供で登った山＆温泉を思い返してみると、迫力の塩見岳、下山後の鹿塩温泉・山塩館。酒浸りの燕温泉・樺太館と妙高山。因縁？の中房温泉前泊からの初雪に見舞われた燕岳。無人の泥湯三山を周回後の再建した泥湯温泉・奥山旅館＆鳴子・湯沢の温泉。湯仲間と一緒に悪天候下で強行登頂した飯豊山から下山後の小野川温泉と飯豊温泉。灼熱の下界から避難して登った八ヶ岳（天狗岳）と渋御殿湯＆唐沢鉱泉など、数多くの記憶に残る景色と湯に出合えたことに心から感謝したい。

ガスと土砂降りで周囲が真っ白の飯豊本山、山頂にて

そして、緊急事態宣言下においては、外出が叶わぬストレスを紛らわすために、ネット通販で「飲める温泉」のお取り寄せや、都内温浴施設の源泉持ち帰りなどを楽しんで過ごしていた。

「ストレス」と「飲泉」といえば、自分は安倍元首相と同じ難病である「潰瘍性大腸炎」に罹っており、二〇代に発症してから一度落ち着いたものの、三〇代後半に再燃。折しもサッカーの試合中に大怪我を何度か経験し、病院のベッドで天井を見上げながら「仕事なんかよりも、まずは自分の体が一番大事だよな」と思い、ここで自分の中での優先順位や考え方が大きく変わった気がする。

それからはストレスをためないように生きることを心がけ（笑）、特に「胃腸に効く温泉」という言葉にすがって、飲泉ができる新鮮な温泉を貪るように求め片っ端から飲んでいた。

次々と色々な温泉を飲んだせいで、どれが効果があったのかよくわからなってしまったが、とりあえず大概「胃」には効くが「腸」にはさほど効かないことはわかった。

とはいえ、飲泉が効を奏したのか、ここ数年は幸いにもなんとか小康状態が続いてくれているので、前述のとおり登山にも行けるようになっている。

新型コロナの影響で世の中にも在宅勤務が一気に浸透し、通勤途中でのトイレの心配が激減した点も、自分にとって非常に喜ばしいことであった。悶々たる日々はまだまだ続くが、そんな「新しい日常」の良いところを探りつつも、やはり「温泉がともにある、日常」が早く戻ってくることを心から願うばかりである。

宅配で届く、西伊豆「桜田温泉・三芳園」の「療養飲泉」（ペットボトル「

島根孝夫（しまね・たかお）

●温泉デビューは船橋ヘルスセンター。マイペースで温泉巡り。いつの間にか相当数の温泉に入っていた。残りの人生少ないので、いい温泉に入りたい。少しの量で酔っちゃうお酒が大好きで、体力的に1日10湯入れなくなった普通のおじさん。

「リゾートみのり」で行ったり来たり。瀬見温泉・喜至楼、赤倉温泉・三之亟。途中にある鳴子温泉には入らず。鳴子の発音について「なるこ」か「なるご」か？ ホームでのぼりを持って歓迎してくれたおばあちゃんに聞いてみた。「なるごだ！」と東北弁で答えてくれた。ただし「ご」は鼻濁音に聞こえた。難しい！

平家平温泉・こまゆみの里、湯西川温泉・薬研の湯。本家伴久の入り口にある季節料理やまや、冷やしきのこそばがすごい。キンキンに冷えたそばつゆ、きのこ、そばが絶妙。今度ここで宴会したい。猪、熊、鹿、山菜と食べたいものばかり。

台湾に行った。目的は温泉。実に四〇年ぶりなので初めてと同じ。みなさん親切で美味しいものがたくさん。

一月、白馬に雪がなく温泉巡り。湯原温泉・猫鼻の湯。近くにある道の駅にも温泉があるが、どうせ入るなら湯原温泉か来馬温泉の方が絶対おすすめ。島温泉・島之湯旅館もあるが現在営業しているかは不明。洞窟にある源泉を見学、お茶と漬物をご馳走になる。漬け物が滅茶苦茶美味しかった。素敵な思い出。

山梨県早川町にある中学校の校舎が温泉の光源の里温泉。一五時からなのに一四時前に〝ごめんください！〟あらら…まだやってない！ 私の悲しい顔が見えたのか「ちょっと待って！ 入れるか見てくるから」と親切にも湯加減を見に行ってくれた。そして無事入湯。ロッジ、宴会場もあり自炊に最適かも。温泉もなかなかいい湯だ。

宿泊営業をやめた奈良田温泉・白根館。いつ入っても気持ちがいい。朝日に輝く薄緑色の温泉！　やめられない。日帰り温泉として入れるが「朝日に輝く温泉」はもう無理？？？

光源の里温泉の湯は、日により色が変化することも

光源の里温泉

新型コロナウィルスの足音が大きくなってきたころ、あえて桜を見る会開催。根尾谷の淡墨桜。人のいない満開のうすずみ桜って中々見られるものじゃない。

桜咲き乱れる根尾谷。うすずみ温泉はおまけかなと思っていたらその後、温泉はまったくなし。入れるときに入らなくちゃ。コロナ感染もなく、自粛の日々が続く。

鈴木哲也（すずき・てつや）

◉温泉歴45年。小学2年で城崎温泉の外湯巡りをして温泉に魅了。一湯一泊がモットー。8年前から子連れ温泉を楽しみ、独自のテーマでお気に入りとなった全国の貸切風呂を会報で紹介してきたが、今回は新型コロナ禍で子連れ温泉を断念。

昨年九月以降、想い出深い温泉は次のとおり。

神戸大沢温泉（兵庫県）
平家平温泉（栃木県）
猿ヶ京温泉（群馬県）
肘折温泉（山形県）
猪の倉温泉（三重県）
セキアヒルズ温泉（熊本県）

二〇二〇年も引き続き、新型コロナの影響を受けてこれまでのような趣向で温泉を楽しめそうにないが、それをあまり意識させない温泉宿を探して、ゆっくりした滞在を楽しみたいと願う。

鈴木富男（すずき・とみお）

◉共同浴場、一軒宿の湯、源泉かけ流し、野湯、自噴、足元湧出などという言葉に心動かされてしまう唯の温泉好きなおじさんです。

昨年の達人会総会時に奈良田温泉・白根館が今年二月末で宿泊は止め、日帰り入浴のみになるとの話を聞いた。半七師匠に伝えると終了になる前に泊まりに行こうということになり、最終日一日前の宿泊予約を取ってくれた。宿泊日の数日前に師匠から電話があり、「熱が出たので新型コロナの件があるので私は行くのを止めます。ひとりで楽しんで来てください」とのことだった。

結局ひとり旅となり、途中、草塩温泉に立ち寄って白根館へ向かった。新型コロナの影響で宿泊人数を制限していて宿泊者は少なく、翌朝はエメラルドグリーンに七変化した露天風呂の湯をひとり占めで満喫できた。しかし、新型コロナで年寄りと持病持ちは大

白根館の露天風呂

人しくしていろとのことなので、この旅以降は自宅に籠っている今日このごろです。
　この一年で巡った温泉は、瀬見温泉・喜至楼（山形）、赤倉温泉・三之亟（山形）、栗山温泉・四季の湯（栃木）、上栗山温泉・開運の湯（栃木）、川俣湖温泉・上人一休の湯（栃木）、平家平温泉・こまゆみの里（栃木）、湯西川温泉・金井旅館（栃木）、京王高尾山温泉・極楽湯（東京）、行義路温泉・山之林（台湾）、北投温泉・瀧乃湯（台湾）、草塩温泉（山梨）、奈良田温泉・白根館（山梨）、奈良田の里温泉・女帝の湯（山梨）と、とっても少ない年でした。

関 真典（せき・まさのり）
◉せきまさのり　ネット上のハンドルネームは「温泉おやじ」。温泉に目覚めたのは30代半ばと遅咲きで、会の中では若輩者。普段は、在住の東海地方を中心に湯巡りを楽しんでいます。

令和元年一〇月
　長野県沓掛温泉・叶屋旅館で開催された自炊部へ、家内と二人で参加。内風呂しかないが、小振りな浴槽と自在の湯口は好印象。アルカリ性単純温泉とアルカリ性単純硫黄温泉の混合泉。
　その後、草津温泉へ。共同湯にいくつか入り、ペンションはぎわら泊。わたの湯源泉、酸性・含硫黄－アルミニウム－硫酸塩・塩化物温泉［硫化水素型］。帰路は、季節限定の初恋りんご風呂に浸かりたくて中棚温泉・中棚荘に立ち寄り。アルカリ性単純温泉。

十一月
　香川県で行われた多肉植物のイベントに参加。そのまま高速をかっ飛ばし愛媛県の道後温泉へ。保存工事中の本館、椿の湯、飛鳥乃湯に入泉。アルカリ性単純温泉、未加温、未加水、掛け流しだが塩素消毒あり。湯上がりにふらっと寄った居酒屋で飲んだ、愛媛県産レモン生搾りサワーが抜群に旨かった。

ペンションはぎわらの内湯

令和二年二月
　多肉植物のイベントで茨城県へ。せっかくなので、ちょっと足を延ばし、千葉の犬吠埼観光ホテルにて宿泊。ここは以前、会の代表である飯出敏夫さんが、ある雑誌で紹介していたのでいつか訪問しようと思っていた宿。露天風呂からの眺望が素晴らしいとのことで楽しみにしていたが、生憎の雨。晴れていれば太平洋を一望できたはずだが、日ごろの行いが悪いのかな…。ナトリウム・カルシウム－塩化物泉。
　翌日は、旭市の矢指ヶ浦温泉館と君津市にある七里川温泉に立ち寄り。矢指ヶ浦温泉館は含ヨウ素－ナトリウム－塩化物泉、七里川温泉は規定泉。
　と、寂しい限りだが、新型コロナ禍で三月以降は他県への温泉巡りは自粛中。来年は以前のように自由に湯巡りを楽しみたいものですね。

犬吠埼観光ホテル

高田彩未（たかだ・あやみ）

●小学校2年から父親と一緒に本格的な温泉巡りを始める。入湯数は1800湯以上。寝るのはだいたい車の中で、「道の駅」が常宿みたいなもの。温泉は古い、新しい、に関わらず「清潔感」を醸し出していることが重要と、こだわってます。

私の一番大好きな奈良田温泉の白根館に行ってきました。まさかこれで、ものすごく長い間、温泉に行けなくなるなんて想像もしてませんでした。詳しくは本誌四四頁をご覧ください。

本当はパパの「呑み鉄」に付き合ってSLやリゾート列車、ローカル線に乗ったりして、田舎のラーメン屋さんで昼ビールとかと思ってたのに。本当はお気に入りの温泉宿に家族三人でゆったりと無駄に連泊して、一日中UNOをしたかったのに。しかたありません。

これもまた大好きな、壁湯温泉・福元屋の露天風呂が土砂で埋まってしまったというのを聞きました。新型コロナで勤め先が満足に営業していないのだから、いっそのこと手伝いに行ってしまいたかったのですが、東京者が行くと返って迷惑がかかると思って諦めました。本当にもどかしい日々ですね。

高田和明（たかだ・かずあき）

●2001年にTV東京「TVチャンピオン全国温泉通選手権」で優勝。掛け流しを求めて、父娘でひたすら巡った湯は約1800湯。それが珍しいのでしょうか、時折、父娘でテレビなどのメディアに出させてもらったりしてます。

新型コロナ騒動で温泉に行くのもままならない。じゃあ、久しぶりにMY温泉にでもと千葉のとある所に行ってみたが、なんと温泉が出ない。これは一大事だと点検に出てみると、ポンプが動かないではないか。ご近所の方の話では、突然噴き上がってその後止まったとのこと。

見ればポンプの加圧タンクが腐食して穴が空いている。モーターが空いた穴から源泉を噴き出させ、長時間の高回転に耐えきれずに焼き付いて止まった模様。誰にも迷惑をかけない所に噴き出したし、火災にならなったから良いものの恐ろしい。なにせここは誰も住んでいない私の隠れ家なのだ。しかし、ひとっ風呂浴びて一杯なんて悠長なことはいっていられなくなってしまった。

同じようなポンプをネットで見つけて後日出直す。こういう物は規格があるようで、メーカーが違うのに寸分違わずピッタンコに収まってくれた。自分は天才だと思えるくらいの出来映えに仕上がったが、規格のお陰だ。

取り外したポンプは役所の施設に持ち込んで即処分。

さて、ひとっ風呂だ！　お湯はこの地特有の黒茶色。温度は低く加温が必要。源泉が湧き出たときに、温泉分析を依頼しようと研究所に連絡をしたところ、分析に一五万円ほどの費用がかかるし固定資産税も変わってしまうからと止められた。近くにヨウ素を取り出す工場が点在し、入浴施設もあるから温泉に間違いないとおっしゃるので、未だに分析していない。

泉質は定かではないが、効能はピカイチだ。何しろ、父娘でお湯巡りをやり過ぎてボロボロなった肌を、一浴でスベスベに治してしまうというヤバ過ぎる代物なのだ。

実は、この井戸は温泉を引くために掘ったものではない。井戸水しかないころにこの家を知人に貸したところ、水を使い過ぎて枯らしてしまったので仕方なく掘った井戸なのだ。時が時だったら飲用に適さない「ハズレ井戸」だったのだろうが、僅か一五メートル掘っただけで私の大好物の源泉が出てきた。

　その後、枯れた井戸も回復し、今では水道も通っている。何が幸いするかわからない。面白い。

武田 出（たけた・いずる）

●岡山生まれだが仕事の関係でバイクの聖地・浜松の近くへ住むこととなりバイクツーリングにはまり、ツーリング途中の温泉にはまっていくこととなった。さらに転勤で北関東在住となり、さらに東北の温泉にはまることとなった。

　今期は言わずもがな散々たる結果。新規温泉地入湯数はなんと一桁の八湯。おまけにこの期間に入湯後に既入湯と気付いたのが二湯。十一月の納会後に寄った宇都宮のさくら温泉と、一月のスキー帰りに寄った足利温泉。最近この手のミスが目立つのも年のせい？

　スキーシーズンは妙高では赤倉温泉、八甲田では酸ケ湯、深沢温泉、西吾妻では新高湯温泉でパウダーと温泉を満喫するも、新規がなく三月の連休に山スキーで小谷温泉へ行ったきりそのまま自粛生活。なんと原稿を書いている九月中ごろまで、ほぼ六カ月会社の往復のみで外食すらしていない。意外に引き籠もりは苦にならず、まだデジタル化されていない二〇〇〇年以前の写真、動画の整理だけでも楽しい。過去の温泉番組の録画で野口さんの懐かしい姿も見ていた。これもデジタル化しておかないとね。

八甲田のパウダー

新高湯温泉裏のパウダー

佃 文博（つくだ・ふみひろ）

●埼玉県での会社勤めを終え、新居住地を終の住処と決め、長野県に移住して約1年。眼の前の木曽山脈、南駒ケ岳・仙涯嶺・赤椰岳で天気予報を行う毎日。似非百姓だが、落語とアンティークカメラを愛でている、老いぼれジジイ。

　二〇一九年九月に「鉄&温泉」行事に参加して、山形県最上町の瀬見温泉、赤倉温泉を楽しむ。

　一〇月は長野県青木村の沓掛温泉で開催された「自炊部」行事に参加し、同村の田沢温泉、長和町の長門温泉、上田市の霊泉寺温泉、別所温泉(石湯、大師湯、大湯)、室賀温泉、大塩温泉を巡る。

　十一月下旬の達人会総会は、栃木県日光市の平家平温泉で開催されたので、道中の黒部温泉、上栗山温泉、川俣湖温泉、湯西川温泉（いずれも日光市）に立ち寄る。

　翌年一月には、長野県辰野町のたつの荒神山温泉、長野県塩尻市の田川浦温泉に行く。

上栗山温泉・開運の湯

二月は年一回のスキーの道中に、長野県上田市の千古温泉、真田温泉を訪ねる。

湯西川温泉・薬研の湯

露木孝志（つゆき・たかし）

●達人会一の高級旅館好き。箱根山を見ながら育って40数年。子どものころから親しんだ伊豆・箱根の温泉旅館の楽しい思い出が、温泉を愛するきっかけに。

この一年は、親族の法要や新型コロナ禍で、新しい温泉には一カ所しか行かれませんでした。温泉達人から温泉凡人に降格ですね。って半沢直樹の香川照之さんじゃないんだから。

その温泉は、「日本秘湯を守る会」の宿、新潟県三条市にある越後長野温泉・嵐渓荘です。ナトリウム-塩化物冷鉱泉の加温ですが、大浴場のほかにも貸切露天風呂などもあり、自然豊かな環境にも癒されました。鯉の洗いを始め、料理も美味でまたリピートしたい宿です。

越後長野温泉・嵐渓荘

寺田 聡（てらだ・さとし）

●本業は某地方銀行勤務。大の温泉好きが社内で認知され、邦銀初の温泉部長に。「井伊湯種」という奇妙なペンネームまでもらい、地域貢献活動として、勤務先の地元である伊豆や箱根の温泉を銀行HP内で紹介している。現在は温泉部長のほか、伊豆の某温泉地にある支店の支店長も兼務。

活動報告と言われて、あらためて気づいたこと。「今年はまったく活動できなかったなぁ…」こんな感じの一年間だった。昨年、台湾で温泉三昧した後は、大好きな東北や九州の野湯にも行けず、離島にも渡らず、もっぱら地元の伊豆や箱根の温泉施設をドライブしながら回っていた。

県外の温泉といえば、私は実家が横浜なので、正月の帰省がてら、元旦の初湯には必ず行くところがある。「横浜温泉チャレンジャー」という変わった名前なのだが、老人ホームに併設されている施設。なかなか良い香りのする塩化物泉で人気の施設。元旦は朝七時開店で、いつもオープンアタックするのだが、すでにたくさんのお年寄りが集まっており、浴室の写真は撮影できたことがない。

そのほか印象に残っているところでは、千葉県の君津市にある亀山温泉ホテル。ここはクルマのイベント時に立ち寄った。ほどよく鄙びた宿だが、チョコレート色で美味しいダシ味の湯が湧いている。

千葉県は、あまり温泉が多いイメージではないが、実は意外と温泉施設が多く、またコボレ湯もあちこちにある。野添ちかこさんの著書『千葉の湯めぐり』を持って、いつか深掘りしてみたいエリアだ。

横浜温泉チャレンジャーの入り口

亀山温泉ホテルの浴室

その後は、別府ひとり旅を予定していたのだが、新型コロナが襲ってきたため断念。以後は活動自粛に。はやく九州に行きたいなぁ…。

長尾祐美（ながお・ますみ）

◉新潟生まれ新潟育ち、現在東京在住。平日は金融業界で勤務する傍ら年間約100日は旅にでる生活。「温泉とお酒はセットで楽しむ！」全国各地の湯縁と酒縁を心から愉しむのがライフワーク。月別に大まかな温泉地だけを書き留め、トピックスを「☆」以下に記載しています。

【長月】香川、長野（中棚・下仁田）

☆香川へは久々のしあわせなうどんツアーと日本のウユニ塩湖父母が浜の絶景を見に。

日本のウユニ塩湖父母が浜

【神無月】大分（別府・鉄輪 ※詳細省略）、山口（湯田・中原）、島根（木部谷）、新潟（燕・樺太館）

☆広島西条酒まつり↓山口酒まつりに合わせて、広島の湯友さんにいざなっていただき。樺太館は新潟上越の謙信ＳＡＫＥまつりに合わせて宿泊。数ある湯宿あれど、ここまでお酒に詳しくて楽しいお宿はほかにない！

【霜月】岐阜（湯屋・濁河・下島）、東京（鴎外荘）

【師走】新潟（六日町 ryugon）、秋田（乳頭 孫六、大釜、妙乃湯）

【睦月】大分（寒の地獄、由布院、別府、鉄輪 ※詳細省略）、千葉（濃溝、亀山、七里川、勝浦）、東京（蛇の湯、数馬の湯、瀬音の湯）

【如月】埼玉（柴原かやの家）、鳥取（三朝、鹿野、宝喜、はわい）、兵庫（城崎、新温泉松の湯、佐津、湯村）、岡山（奥津荘、般若寺）、山形（白布別邸山の季）

【弥生】山形（小野川、平安の湯）、栃木（塩原上会津屋、柏屋旅館）、山形（赤湯山形座瀧波、蔵王）

【卯月】（なし）

【皐月】東京（鴎外荘）

☆閉館前に宿泊。

【水無月】群馬（猿ケ京、草津）、神奈川（仙石原）、静岡（熱海）

【文月】大分（別府、浜脇、紫石、亀川、明礬、堀田、塚原 ※詳細省略）

☆義父が鶴見病院に急遽入院、こっそり渡別。ピンクタオルも欲しかったので狂ったように？数泉。でも全然疲れない、むしろ楽しい！ 身を隠すように行っていたのに偶然お会いできた名人の方々、別府の方々の温かい対応に癒され…涙。

【葉月】島根（美都、美又、有福、小浜、温泉津、湯谷、加田、頓原、塩ケ平、満寿の湯、三瓶さんべ荘、そばカフェ湯元、小屋原熊谷旅館、池田ラジウム鉱泉、千原、湯抱中村旅館）

☆三瓶温泉郷名人スタンプラリーに合わせて一三年ぶりの温泉津＆湯抱に心躍らせ。初の三瓶のぬる湯三昧はほんと「チョーキモチイイ！」と言う言葉しかなく。まだまだ知らない温泉地、全国にあるんだろうなぁと気づかされた島根の名湯の数々。

三瓶温泉郷名人スタンプラリー達成
@さんべ荘

永野光崇（ながの・みつたか）

●登山の帰りに毎回温泉に浸かり、気付けば趣味は温泉巡りに。1500湯入湯を目指し湯巡り修行中。三百名山完登に向けて関東・甲信越から東北までの山と温泉、お酒を楽しんでいる気ままな40代。

駅のポスターでもよく見かける鳴子温泉の紅葉を期待しつつ、我が国を代表する温泉郷である鳴子温泉を訪問した。鳴子温泉駅で温泉手形を購入し、雨の中を人影の少ない温泉街を歩いているうちに、最初の訪問温泉となった岡崎荘に到着した。この宿は、温泉街にひっそりと佇む小さな宿で、温泉は内湯も露天も小ぶりの浴槽に、熱く透明な湯が注がれていた。ここまでの旅の疲れと汚れを洗い流し、ゆっくりと浴槽に体を沈めると、仄かな硫黄臭が脳を刺激して、これからの温泉巡りへのモチベーションが高まってきた。

次に、歩くこと数分でホテル瀧嶋に到着した。昭和感満載の宿で、温泉は独自源泉からの重曹泉。湯の注がれる音だけがこだまする暗い浴室は、独特の雰囲気を持っていた。

ここまで、透明の湯から少し黄色く濁った湯に浸かったので、次は白を目指し、三軒目は、鳴子温泉の名湯、東多賀の湯を目指した。国道沿いということもあって、隣にある西多賀の湯と並んで、いつも混雑している印象が深かったが、今回は訪問客も少なく白濁した名湯を存分に味わうことができた。

鳴子温泉駅周辺の温泉を楽しんだので、鉄道で隣の鳴子御殿湯駅へ移動した。

駅を出て川を渡り、右に歩くこと数分でJR線路をくぐると次の目的地である久田旅館に到着した。温泉は二本の自家源泉を持ち、内湯は蒲田や十勝川温泉にあるモール泉のような琥珀色の湯で、露天風呂は少し白濁した湯となっており、双方とも掛け流しとなっていた。次回はぜひとも宿泊でゆっくりしたい宿であった。日も暮れかけ、そろそろ体も湯疲れしてきたので、マイルドな温泉を探して東鳴子温泉街を歩き、旅館なんぶ屋を訪問した。ここの温泉も先の久田旅館と同様に重曹泉であったが、色に違いがあり、こちらの温泉はもう少し薄い褐色で、露天風呂も同じような色合いであった。ここまで総じて熱めの鳴子の温泉に連続して入湯し疲れが出たので、そろそろ締めの湯を探すこととなった。

久田旅館の内湯

本日の最後の湯は、砂善旅館で、一五年ぶりに訪問したが、鄙びていて情緒のある木造の建物は健在であった。浴場入り口には、重曹泉、鉄鉱泉、ラジウム泉と暖簾がかかっていて、三種類の温泉を楽しめた。

鳴子御殿湯駅からの帰路はリゾート列車「みのり」を利用した。紅葉の中を走る電車からの景色は素晴らしく、

砂善旅館の内湯

ビールを片手に温泉三昧の一日の余韻に浸った秋の一日であった。

成田千波（なりた・ちなみ）

◉東京在住会社員です。最近は私事で温泉と縁遠い生活をしています。夢は、早期リタイヤして温泉地に移住すること。

秋は恒例の別府参り。温泉好きにはたまらないイベントがあるのだ。北は北海道から、地元からは留学生までの老若男女数十人が集まる。

参加資格を必死になって取得した同志なのだ。年齢、職業、生まれ育った環境が違っても、打ちとけるには時間はかからない。仕事でどんなに忙しくても、滞在時間が三〇時間しか取れなくても、参加表明をしてきた。

アーケードで東京の知り合いに会ったり、宿泊先の廊下に干してあるタオルで存在がわかったり、とゆるい縁が心地よい。チェックアウトした後に、別の場所で会った人に宿泊先を尋ねたら、数部屋しかない宿の隣の部屋だったときは思わず奇声を上げた。

参加者のほとんどは常宿や知り合いの別荘に泊まる。私はというと、カプセルホテルから元遊郭の旅館、日雇いの利用が多い鍵なし簡易宿泊所と、温泉付きならなんでもこなし、スリリングな一晩を過ごすことが少なくない。

昨年も一泊二日の強行日程で予定を組み、宿泊先を探した。なんと、そのサイトには、地図で発見し、電話番号を調べたものの、毎回予約が取れない宿が載っていたのだった。流川と秋葉通りの中間に位置し、駅からも飲み屋街からもほど近く、申し分ない。

満室、古くて設備が整っていないなど高齢女性から慇懃に断られ、宿泊を諦めていたこともあり、自分の中の別府枠はオーバーしていたのだが、迷わず予約した。昭和の佇まいが残るその宿では、代替わりした若夫婦がにこやかに迎えてくれた。

木造三階建てで、古いけど清掃が行き届き、布団は新品でふかふかだ。温泉は部屋ごとの貸切で、カップルにはうってつけだろう。木の手すりの急階段を昇る金髪の青年の浴衣姿が、違和感なくとけ込む。若女将に念願の宿泊ですと事情を話すと、いたく感動され、会社を辞めて戻ってきた甲斐がありますと喜んでくれた。一番湯をいただき、同志と一年振りの乾杯をするために夜の町へ駆け出した。

翌日、いつもの集合場所では、見慣れたメンバーがすでに集まっている。個人宅の温泉に入湯させて頂くと言う、温泉天国日本でも別府でしか開催することができないであろう〝たまらないイベント〟に参加し、一度限りの湯を楽しむ。湯の後は、スタッフ手作りの郷土料理をいただきながら、今年も開催されたこと、変わりなく参加できたことを分かち合い、あっと言う間に濃厚な週末は過ぎていった。

この町では、たくさんの出会いを繋いでくれた。そんな湯の町別府に感謝。

宿泊先：喜可久旅館　別府市楠町7–9

温井勝敏（ぬくい・かつとし）

●次に行く温泉とその土地のちょいと美味いものに出合うことを期待して、湯巡りを楽しむ新参者のおじさん。自然を満喫できる温泉、心と体に効く温泉、趣のある宿や湯小屋の温泉がお気に入り。

令和になってから、会の末席に加えて頂いた新参者です。温泉の巨人たちの背中を仰ぎ見つつ、湯巡りを楽しんでいます。この一年は、老体の愛車に押し寄せる、様々なトラブルを乗り越えての湯巡りでした。

この一年の湯巡りの思い出。九月上旬、信州高山温泉郷への湯巡り旅。松川渓谷温泉・滝の湯の岩風呂で渓谷沿いの景色を楽しみながらの湯浴みを満喫。その直後、車のラジエターから緑の液体がポタポタと漏れていることが発覚。大体色付きの液体が車から出るときはまずい状態に違いなく、なんとかディーラーまでたどり着くも即入庫となり、湯巡りを途中で断念。下旬は、只見線沿いの温泉巡りへ。神様が鎮座する西山温泉・老沢温泉旅館の浴室で厳かに湯浴み。金山町温泉保養施設せせらぎ荘の、炭酸泉の泡付きの良さに驚かされた。

一〇月下旬、あまり帰省しないドラ息子を気遣った親が、北の国から来訪。たまの親孝行で四万温泉・積善館や渋温泉・金具屋といった、名建築の温泉宿と高峰温泉の絶景の露天風呂を巡る。

十一月下旬、達人会の総会で平家平温泉へ。凍りつく空気の中での夜の湯浴みは、芯まで冷え切った体を温めてくれて最高の気分。

一二月中旬、千葉の湯巡りと日本大仏の拝観へ。正木温泉はインパクト絶大。

年末、年始は茨城県の湯巡りへ。湯の網温泉、川中子温泉は、茨城では珍しい濁り湯が楽しめる温泉。

一月下旬、新型コロナの影が忍び寄る中、秩父の新木鉱泉旅館、秩父川端温泉・梵の湯、小鹿野温泉を訪問。自然散策、社寺仏閣巡り、湯巡りを満喫。

二月下旬、まだコロナ禍が拡大していないうちにと伊豆方面の湯巡りへ。金谷旅館の千人風呂は混んでいても楽しい。晴れた日の高磯の湯、黒根岩風呂から眺める海景色は最高。

四月～六月、県外への外出自粛要請に従い、ステイホームで大人しく過ごす。シャワーで済ますことも多いが、この時とばかりにあちこちで買い集めた入浴剤を混ぜ合わせ、得体の知れないにごり湯に浸かる。

七月上旬、再開した木賊温泉を訪問し、自然の猛威で湯小屋が跡形もなくなった湯船だけの状態に驚く。それでも久しぶりの湯浴みに感激。

八月上旬、宝川温泉と川古温泉を巡り、湯浴み着を着て夫婦でのんびり湯浴み。季節柄、アブに刺されて全身ボコボコになり、体をポリポリと

木賊温泉岩風呂

燕温泉河原の湯．

掻く怪しい人となる。下旬は、湯巡りもそろそろ自粛かと思いつつも、早朝の燕温泉の野天風呂とまつだい芝峠温泉で、雲海に覆われた絶景を想像しつつ湯浴みを堪能。

古舘明廣（ふるだて・あきひろ）

●山に山菜と茸を採り、海に魚と貝と海藻を採り、山に肉を捕りに行けば言うことなし。温泉は言うに及ばず。

バブルの崩壊、リーマンショック、いや百年に一度のどん底景気もなんのその、なにが起きてもおどろきません。へのかっぱ、蛙のつらにしょんべん、平気の平左でやって来ましたわが職業。なにしろ一度も上向いたことがないから、いい景気を知らない。じつに無邪気なもんです。が、ついに出た。ひねもすのたりで、かんかん閑古鳥の事務所に出たのは貧乏神。鏡に映るのは自分に似ただれか。そのやつれた顔はまさに貧乏神なのだ。ついにおつむまでやられちまったおいら。揚げ句妄想にとりつかれ、ひょっとしたら億万長者も夢ではない夢をみた。売り口上は「当温泉、さきごろコロナ退治に効能があると判明云々」。早いはなしが、ここはひとつしゃれっ気で客を呼び込もうという魂胆。おいらはその手先となって、やばいとみたら、おさらばする身勝手な話。上手くいくわけがねえな。いやいや、まてよ。なんてったって、これだけ神国には温泉があるのだ。きっと、一つぐらいはコロナ菌をやっつける温泉があるってもんだ。まず第一にだ、効能書きに「万病に効く」という温泉があるじゃないか。やったぜ！　あぁ——、おいらがいちばんに入りにいかなくちゃいかんな。

本道夏美（ほんどう・なつみ）

●長湯したいわけではないが、温泉に浸かると湯船から出られなくなる。

毎年、元旦には帰省先の実家から車で一時間ほどの加賀井温泉・一陽館（長野市）で三、四時間ほど初湯に浸かっている。その足で戸倉上山田温泉の国民温泉、かめ乃湯、観世温泉、万葉超音波温泉のいずれかに立ち寄る。今年の元旦もそうした。

そして今年はそれ以降、まったく温泉に行っていない。新型コロナウイルス流行の影響もあり、どこにも行かず、できるだけ人に会わず…という引きこもり状態だった。それが習慣になってしまったのか、秋になっても、まだ出かける気にならない。

二〇二一年はアクティブになれるだろうか。

守谷博隆（もりや・ひろたか）

●これまで本誌上では「名古屋の温泉達人Nさんに出会い50歳にして温泉の寄り道に嵌まったサラリーマン」と自己紹介してきたが早20余年。今はサラリーマンも満期卒業し、老々介護をしつつ寄り道の多い湯めぐりを楽しんでいる。

今年は新型コロナ旋風に負け、まったく温泉に行くこともなく、ひたすら籠もっています。活動報告にレポートする内容がありませんので繰り言をレポートします。

今年の納会予定の八幡平周辺は、東北各地の温泉を家内と夏に巡っていたころ、松川温泉に宿を取り八幡平アスピーテラインで、ふけの湯や後生掛温泉などを満喫した思い出の地です。

ところが、ご存知のように夏の八幡平は霧がよくかかるのが有名で、この折も藤七温泉周辺は真っ白。この温泉をパスしてしまったのです。今回、GoToキャンペーンでリベンジを果したいところですが、残念ながら欠席となってしまいました。ご縁がないのかもしれませんね。というわけで、藤七温泉は写真もありません。嗚呼！

松川温泉・松川荘の露天風呂

ふけの湯の露天風呂

そろそろ達人会の引退を考えつつ。

山田 豊（やまだ・ゆたか）

●温泉っていいですね。のんびりと湯に浸かれば身も心もやんわりとほぐされていきます。温泉に行くまでの行程は徒歩や車、鉄道、飛行機など乗り物好きなのでなんでも楽しいですが、旅情とか考えたらやっぱり鉄旅がいいかな、酒が飲めるし。

ご多分に漏れず、春先からほとんど家から出ない巣ごもり生活を強いられ、温泉など夢のまた夢となりました。とはいえ、秋から桜の咲くころまでに八方、瀬見、赤倉、高尾山、湯原（猫鼻の湯）、光源の里、奈良田、下部、うすずみ、それに台湾の烏來、行路義、北投、（詳細は本誌一二頁の鈴木富男会員「台湾プチ温泉旅」を参照してください）とそこそこ温泉に行くことができました。この中で、湯原温泉が個人的にはとても良かったです。鄙び系であまり一般的ではありませんが、その鄙び具合がドツボに嵌りました。かつて長野と新潟の県境の長野県側にあった猫鼻温泉は、広々とした露天に姫川峡谷の景色が映え、とっても好きな温泉でした。それが一九九五年（平成七年）七月の水害で新潟県側にあった蒲原温泉とともに流され消滅してしまいました。その経営者が湯原で再開したのがこの「猫鼻の湯」です。

建物はちょっと大丈夫かいという風情、湯船も仮設風。でも、外には姫川峡谷を一望できる露天あり、もちろん湯はすごくいいです。とっても人の好いご主人に湯上がりにおいしい漬物を出していただき、昔の猫鼻の話で盛り上がりました。途中から常連の方が合流し、糸魚川から持ってこられた刺身と寿司をふるまってくださり、これまたとってもおいしかった。

なんとこの温泉は貸し切りで宿泊もできるんです、それも格安で。供食設備も自炊設備もないので酒も食べ物も持ち込みです。ですけどちょっ

猫鼻の湯

猫鼻の湯の露天風呂

と下れば糸魚川など、周りは海の幸、山の幸が豊富で問題なし。一度ここで泊まり込みの大宴会をやってみたいな。

吉田京子（よしだ・きょうこ）

◉20代のころより鄙びた温泉にはまり、ひとり旅で全国の温泉を訪ねる。共同湯のある温泉街、歴史的建造物の宿、文人墨客ゆかりの温泉が大好き。日舞、着物、相撲、歌舞伎、古民家カフェなどに心ひかれる日本かぶれ。鈍行好きなプチ鉄子でもある。TVチャンピオン第1回温泉通選手権に紅一点で出場。日本文化を守る「NPO川越きもの散歩」で活動中。

なかなか温泉に行けない…。せめて温泉気分をと思い、二〇一九年十一月に、温泉達人会代表の飯出敏夫氏主宰の都内でのイベント「温コレカフェ」に参加。にごり湯の話を聞いて高まる温泉熱。イベント後の懇親会のじゃんけん大会で大勝ちし、大好きなT温泉の無料宿泊券をゲット。すごい！マジで！と大興奮。

温コレカフェで宿泊券ゲット！

十一月末の温泉達人会の総会では、一〇年ぶりに平家平温泉へ。長い付き合いの温友とともに、こまゆみの里の極上の湯と山の恵みを堪能した。

平家平温泉・こまゆみの里の雪見露天風呂

二〇二〇年は温泉めぐりしろっていう流れでしょ！と、気分アゲアゲで迎えた新年。正月明けに主人とともにT温泉に行き、雪上車とスノーシューを楽しもうとワクワクしていたのだが、主人の「あの〜、正月明けにインドのお祭りを観に行きたいんだけど…」という一言で、雪見温泉行きは二月に延期。

その間私は、久しぶりのひとり旅で秩父へ（本誌二頁参照）。戻ったら一緒に極上温泉だよ〜と約束していたが、二月初めに帰国した主人は、新型コロナの流行が始まっていたため成田のホテルに二週間の自主隔離。二月後半は、私の職場の病院でもコロナ対策が始まり、自分が感染源になるのは絶対に避けなければと、職場と自宅の往復だけの自粛生活となった。

とはいえ、ゴールデンウィーク明けにはコロナも収まって、極上の温泉に行けるだろうと予想していたのだが甘かった…。四月から病院は厳戒態勢。緊急事態宣言下で緊張感も高まり、帰宅するとグッタリの日々。

そんな中、実家の母が骨折し緊急入院。コロナ禍による面会禁止で、入院中の母にも、ショートステイを延長した父にも会えず二カ月が過ぎた。

その間、退院後の母のため実家の掃除と断捨離に明け暮れ、温泉旅は夢のまた夢と化した。

猛暑の夏、コロナは衰える気配もなく、各地で豪雨の甚大な被害もあり、日常は様変わりしたまま。自粛疲れのせいか、どこかに出かけようという気持ちも萎えてきた…。

人と人とを隔絶するこの病は、どういう意味を持っているのだろう？　気持ちを立て直すため、年末に温泉宿の予約を入れた。答えはどう出るか？　歴史に残るであろう二〇二〇年、あの年は大変だったね〜と笑える日が来ることを願っている。

back Issues

Vol.01 2007

★cover

赤倉源泉の湯

妙高山北地獄谷

カルシウム・ナトリウム・マグネシウム-硫酸塩・炭酸水素塩泉

Vol.02 2008

★cover

加仁湯

奥鬼怒温泉郷

第三露天風呂（混浴）
含硫黄-ナトリウム-塩化物・炭酸水素塩泉

Vol.03 2009

★cover

後楽館

地獄谷温泉

混浴露天風呂
ナトリウム・カルシウム-硫酸塩・塩化物温泉

Vol.04 2010

★cover

鶴の湯温泉

乳頭温泉郷

混浴露天風呂
ナトリウム-塩化物・炭酸水素塩泉

Vol.05 2011

★cover

野の花山荘

新穂高温泉

混浴露天風呂
単純温泉

Vol.06 2012

★cover

桝形屋

姥湯温泉

混浴露天風呂
酸性・含硫黄・鉄（II）-単純温泉

Vol.07 2013

★cover

黒薙温泉旅館

黒薙温泉

深山幽谷の湯
弱アルカリ性単純温泉

Vol.08 2014

★cover

山芳園

桜田温泉

混浴露天風呂（現在は貸切制）
カルシウム・ナトリウム-硫酸塩温泉

Vol.09 2015

★cover

水明館佳留萱山荘

新穂高温泉

混浴大露天風呂
単純温泉

Vol.10 2016

★cover

煙草屋旅館

三斗小屋温泉

混浴露天風呂
単純温泉

特集
温泉達人会温泉番付

Vol.11 2017

★cover

源氏の湯

十谷上湯温泉

渓流野天風呂（混浴）
カルシウム・ナトリウム-塩化物泉

特集
**明日にでも
すぐに行きたい温泉**

Vol.12 2018

★cover

浜屋旅館

川古温泉

混浴露天風呂
カルシウム・ナトリウム-硫酸塩温泉

特集
ジミ泉へ行こう！

Vol.13 2019

★cover

尻焼温泉

河原の混浴露天風呂

カルシウム・ナトリウム-硫酸塩・塩化物温泉

特集
ノスタルジィ温泉

★ご注文　vol. 1～9：700円（税別）
vol. 10～13：1000円（税別）

A5判　80～136ページ
最寄りの書店にて、「地方・小出版流通センター」扱いでご注文ください。

postscript

　今年はひどい年だ。最大の要因はもちろん新型コロナウイルスの感染拡大によるものだが、それ以外でも昨年の千曲川、今年の球磨川など、もはや常態化した大雨による河川の氾濫とその被害が年々ひどくなる。地球温暖化のツケは今後も容赦なく回って来るのだろう。

　コロナ自粛を余儀なくされた今年ほど、「普通に外出できて普通に温泉が愉しめる」ことの有難さを痛感した年はないかもしれない。そんな状況下で「今年の総会&納会、会報誌の制作はどうする？」と協議する時期になった。「みんな温泉に行けてないんじゃないか？」「そういうときに総会&納会に出る気になる会員はいるのか？」「会報誌を出す意味はあるのか？」会員諸氏の意見を求めたところ、そんな危惧は杞憂に終わった。

　自粛生活を送ったゆえに、温泉と真摯に向き合う時間を持てたということだろうか？　紆余曲折を経て、ここに無事一四号目の会報誌を発行できたことを誇りに思いたい。（飯出敏夫）

　会員から総会参加に苦渋の選択をせざるを得ない、というメールが数多く届いた。せめて会報だけは発行したいと思う中、総会が成立となる五割を超える参加希望を頂戴した。総会開催に不可欠なのは会報だ。何処にも行けていないが、思い出が隙間をかいくぐったようで、温泉談義には事欠かない。開催温泉地はすんなり決まった。凄いことだ。正に継続は力なりだ。（高田和明）

　今年の会報はお休みにしよう。緊急事態宣言中の春の終わり、実はそう思っていた。しかしながら、こんな時だからこそ出す意義があるのではとの声をいただき、気持ちを新たに今年も会報を出さねばという使命感がわいてきた。それでも特集を組むほどにはいたらず、ページ数は少なくなるなと思っていたところ、思いのほか多くの原稿をいただき、過去最高のボリュームとなった。近い将来、こんな時もあったねと思える内容になったと思う。そして、こんな時もあったねという未来を切に願わざるを得ない。（井澤俊二）

温泉達人会　Volume 14　2020

2020年11月20日　第1刷発行

編著者　温泉達人会
発行者　温泉達人会事務局
E-mail：info@onsen-tatsujinkai.com
URL：http://www.onsen-tatsujinkai.com

発売所　栞文庫（海象社）
〒151-0073　東京都渋谷区笹塚3-1-11-107
電話：03-6383-4270　ファクシミリ：03-6383-4271
郵便振替：00110-1-334149
E-mail：f-kaizou@tempo.ocn.ne.jp

印刷・製本：株式会社TOP印刷

乱丁・落丁は本社にてお取り替えいたします。
ISBN 978-4-9911720-0-7　C0026　Printed in Japan

監修　飯出敏夫

編集／デザイン　井澤俊二

温泉データ監修　高田和明

表紙撮影　青沼 章

※掲載の温泉データの表記は、基本的に温泉分析書に准じています。